残疾人游泳
指导教程

中国残疾人体育运动管理中心◎主编

SWIMMING INSTRUCTION FOR INDIVIDUALS WITH DISABILITIES

人 民 邮 电 出 版 社
北 京

图书在版编目（CIP）数据

残疾人游泳指导教程 / 中国残疾人体育运动管理中心主编. -- 北京 : 人民邮电出版社, 2020.11
ISBN 978-7-115-54555-8

Ⅰ. ①残… Ⅱ. ①中… Ⅲ. ①残疾人体育－游泳－运动训练－教材 Ⅳ. ①G861.102

中国版本图书馆CIP数据核字(2020)第137932号

免责声明

本书内容旨在为大众提供有用的信息。所有材料（包括文本、图形和图像）仅供参考，不能替代医疗诊断、建议、治疗或来自专业人士的意见。所有读者在需要医疗或其他专业协助时，均应向专业的医疗保健机构或医生进行咨询。作者和出版商都已尽可能确保本书技术上的准确性以及合理性，并特别声明，不会承担由于使用本出版物中的材料而遭受的任何损伤所直接或间接产生的与个人或团体相关的一切责任、损失或风险。

内容提要

本书由中国残疾人体育运动管理中心组织不同领域的专家编写完成。近年来，中国残疾人体育运动管理中心对开展面向普通残疾人的游泳公益教学和赛事活动进行了持续的探索，逐渐形成了较为成熟的模式。在这本书中，中国残疾人体育运动管理中心充分考虑残疾人的生理和心理特点，结合多年来成功的理论研究和实践探索经验，针对残疾人游泳教学、赛事活动开展实践中涉及的策划、组织、沟通和安全等核心问题形成了兼具科学性与实用性的指导，任何有意参加或组织残疾人游泳教学和赛事活动的团体或个人都将从中获益。

◆ 主　　编　中国残疾人体育运动管理中心
责任编辑　王若璇
责任印制　周昇亮
◆ 人民邮电出版社出版发行　　北京市丰台区成寿寺路 11 号
邮编　100164　　电子邮件　315@ptpress.com.cn
网址　https://www.ptpress.com.cn
临西县阅读时光印刷有限公司印刷
◆ 开本：700×1000　1/16
印张：10.75　　2020 年 11 月第 1 版
字数：226 千字　　2020 年 11 月河北第 1 次印刷

定价：49.80 元

读者服务热线：(010)81055296　印装质量热线：(010)81055316
反盗版热线：(010)81055315
广告经营许可证：京东市监广登字 20170147 号

编 委 会

前言

党的十八大以来，以习近平同志为核心的党中央高度重视残疾人事业。习近平总书记强调，残疾人是一个特殊困难的群体，需要格外关心、格外关注。让广大残疾人安居乐业、衣食无忧，过上幸福美好的生活，是我们党全心全意为人民服务宗旨的重要体现，是我国社会主义制度的必然要求。党的十九大报告中明确提出“发展残疾人事业，加强残疾康复服务”“广泛开展全民健身活动，加快推进体育强国建设，筹办好北京冬奥会、冬残奥会”等要求。

在党和国家的高度重视与大力支持下，残疾人事业蓬勃发展，残疾人体育工作成效显著。在夏季残疾人奥林匹克运动会赛场上，中国代表团连续四届金牌和奖牌总数位居榜首。在2016年里约残疾人奥林匹克运动会上，中国代表团取得了107枚金牌的历史最好成绩，向世界人民展示了我国残疾人自强不息、奋勇拼搏、积极阳光的精神风貌。与此同时，残疾群众参与体育运动的热情极大高涨。

我国残疾人总数超过8500万，残疾人体育是体育强国的重要组成部分，发展面向残疾人的群众体育是建设体育强国的迫切需求。为进一步推动面向残疾人的群众体育的发展，丰富残疾群众的体育活动，促进残疾群众的身心健康，近年来，中国残疾人体育运动管理中心充分利用场馆资源，组织专业及社会力量，面向残疾群众开展了一系列的游泳公益教学和赛事活动，对促进残疾群众走出家门、参与游泳健身康复进行了持续的探索。

经过三年多的实践，残疾人游泳公益平台运行模式日渐成熟。为总结该类型平台的搭建和运营经验，以对其进行广泛的社会推广和普及，充分发挥其示范和引领作用，中国残疾人体育运动管理中心组织有关专家编写了本书。本书是国内第一份针对普通残疾人开展游泳活动的较为完整、系统的指导材料，对如何进行普通残疾人游泳教学、如何组织和开展残疾人游泳比赛等进行了详细的阐述。

本书由“残疾人游泳活动开展概述”“户外和游泳馆无障碍设施”“残疾人游泳教学组织”“残疾人游泳赛事组织”“残疾人游泳运动的营养需求与恢复”“残疾人游泳公益平台的建设与推广”这六章构成，从残疾人游泳活动可能涉及的多个方面对活动的开展提供理论支撑与实践指导，主要适用于有意开展或参与残疾人游泳教学和比赛活动的社会游泳场馆、有关单位或社团组织及个体。

本书由中国残疾人体育运动管理中心组织编写。参加编写工作的专家包括刘旭蕊（第三章第一节）、张凯（第三章第一节的“一”）、黄涛和林海荣（第三章第四节的“三”和“四”）、温伟（第三章第五节的“一”“三”“四”和“五”、第四章第一节）、李阳和史海燕（第五章），其他章节均由中国残疾人体育运动管理中心编写。本书中的动作均由残疾人游泳世界冠军进行示范。在本书的编写和出版过程中，中国盲人协会、中国聋人协会、中国肢残人协会、中国智力残疾人及亲友协会、中国精神残疾人及亲友协会、北京体育大学中国游泳运动学院、北京国家游泳中心有限责任公司给予了大力支持，人民邮电出版社给予了专业的指导和严格的审校。感谢为本书的出版做出贡献的每一位人士！

希望本书能激励更多的残疾人参与游泳活动、带动更多的社会力量参与到残疾人游泳活动的组织和开展中，使残疾人游泳公益活动在社会上得以广泛开展，残疾群众能够就近、方便地开展全民体育活动，为提升残疾人身心健康水平，使他们更好地融入社会生活、共享社会发展成果，起到积极、有效的推动作用！

目　录

扫码听音频

第一章

残疾人游泳活动开展概述

第一节 残奥会的起源与发展

残疾人奥林匹克运动会（简称“残奥会”）是级别最高、历史最悠久、最具代表性的残疾人赛事。它的起源与发展在一定程度上能反映残疾人体育的发展。说起它的起源，不得不先介绍现代奥林匹克运动会（简称“奥运会”）的起源。1888年，皮埃尔·德·顾拜旦提出了恢复举办奥运会的建议。1896年，第一届奥运会在希腊举行，之后每4年举行一届。第一届奥运会就设有游泳项目，游泳运动由此得到不断的发展。残奥会诞生于第二次世界大战后的欧洲。为了让在战争中受伤的士兵恢复健康，1948年，在英国外科医生路德维格·格特曼爵士的推动下，在英国专门为伤残士兵举办了运动会，当时只有16名坐轮椅的伤残士兵参加。随着这种形式的运动会的不断发展，1952年起，该项赛事成为国际性残疾人体育活动。1960年，来自23个国家的400多名残疾运动员相聚罗马，参加了世界残疾人运动会。这届运动会之后被国际奥林匹克委员会（简称“国际奥委会”）正式承认为第一届残奥会。此后，各类国际残疾人体育组织陆续成立，举办了各类国际性的残疾人赛事。1989年，国际残疾人奥林匹克委员会（简称“国际残奥委会”，英文缩写为IPC）在德国杜塞尔多夫成立，它是一个非营利性组织，职责是管理、协调各国和各地区的残疾人体育活动，由165个国家和地区的残奥委会、5个国际残疾人体育组织、23个单项体育组织和5个区域性体育组织组成。残奥会是世界范围内最高级别的残疾人体育赛事，是与健全人奥运会平行的运动会。从1960年开始，残奥会每4年举办一届。1988年第八届汉城（现更名为首尔）残奥会后，形成了每届夏季残奥会和夏季奥运会在同一个城市举办的惯例。国际奥委会和国际残奥委会在2001年6月19日签署合作协议：从2008年北京奥运会开始，由一个组委会同时组织举办奥运会和残奥会。

第二节 残疾人体育及残疾人游泳的意义

一、残疾人体育的意义

中国残疾人联合会名誉主席邓朴方说过:“残疾人体育运动从一开始，就具有特殊意义。它超越缺陷，通过意志、技能、体能的较量，向生命的潜能挑战，展示人的创造力和价值。同时它还能促进康复，陶冶情操，增强生活信心和勇气，推动平等参与。”此外，残疾人体育还具有突出的社会意义。残疾人体育是向社会展现残疾人风采，让更多人认识残疾人的一个渠道，是反映人类文明程度的一项标志。

二、残疾人游泳的意义

残疾人游泳是一项残疾人参与积极性高且各种残疾类型、程度的残疾人基本都能参与的运动，而且游泳对残疾人康复的促进作用也得到了科学和大众的认可。残疾人掌握游泳技能以后，基本能够长期坚持锻炼，使游泳成为让自己终身受益的健身活动。游泳运动既可以使残疾人的身体功能产生一定的代偿、改善其心肺功能，又可以磨炼其不畏艰难、奋勇向前的意志力，充分体现出残疾人自强不息、奋勇争先的精神。通过参与游泳运动，残疾人还可以树立自信心，实现自我价值；与其他残疾人或健全人形成良好互动，相互交流，相互帮助，从而使自己的心态更加积极。更为重要的是，游泳运动可以使残疾人同健全人一样参与社会活动，融入社会生活，共享社会经济发展成果，这样充分体现我国精神文明建设的成果。

第三节 残疾人游泳组织与赛事

一、国际残疾人体育组织与赛事概述

我国残疾人参与的国际残疾人体育组织主要有国际残奥委会、国际聋人体育联合会（简称“国际聋体联”，英文缩写为CISS）、国际特殊奥林匹克委员会（简称“国际特奥委会”，英文缩写为SOI）。国际残奥委会组织的主要赛事有残奥会及单项世界锦标赛、洲际锦标赛等，以肢体残疾、视力残疾和智力残疾运动员参赛为主。国际聋体联组织的主要赛事有听障奥林匹克运动会（简称“聋奥会”）及单项世界锦标赛、洲际锦标赛等，以听力残疾运动员参赛为主。国际特奥委会组织的主要赛事有特殊奥林匹克运动会（简称“特奥会”）及洲际比赛等，以智力残疾运动员参赛为主。游泳项目在上述赛事中都占据了重要位置。与健全人游泳赛事相比，残疾人游泳赛事有一个特殊环节——在比赛前根据医学功能、运动能力等进行初步分级测试。通过分级测试，运动能力或水平接近的运动员将被分在同组，这有助于确保比赛的公平性。在残

奥会中，肢体残疾运动员根据医学功能和运动能力分级，视力残疾运动员根据光感、视野和辨识度分级，智力残疾运动员根据评测量表结果分级。在聋奥会中，满足听力残疾最低参赛标准的运动员即可在同一组别参赛。在特奥会中，运动员按性别、年龄及能力水平进行测试后，分成不同的参赛级别进行比赛。下面对相关内容进行更具体的介绍。

二、国际残奥委会与残奥会游泳项目

残奥会游泳项目很早就由国际残奥委会下属的游泳运动委员会统筹管理，管理上较为规范。

游泳项目由于距离、泳姿、分级复杂，有很多小项目，是残奥会上仅次于残疾人田径的一大项目。第一届夏季残奥会的游泳项目只有男子、女子自由泳、蛙泳和仰泳的25米和50米比赛，男子还有3×100米接力。随着这一项目的不断发展，目前赛程最长的是400米比赛，最短的是50米比赛。

随着参与人数的增多，为了让比赛更加公平、公正，残奥会游泳项目越来越细化，项目设置也更加合理和固定。国际残奥委会在1992年对游泳分级进行改革，使用统一的功能分级，把残疾类别不同而功能相近的合并一起，并制定了比较详细的特殊规则。2018年，世界残奥游泳委员会再次对残疾人游泳分级进行调整。分级根据运动员损伤程度及其在每种泳姿中所表现出的能力而确定。肢体残疾运动员的级别为1~10级，数字越小残疾级别越高。视力残疾运动员的级别为11~13级，从11级（有少量、甚至没有光感）逐渐过渡到13级（具有一定光感）。智力损伤运动员的级别为14级。残疾人游泳比赛同样采用4种泳姿：自由泳、仰泳、蛙泳和蝶泳，混合泳则使用这4种泳姿。不同泳姿使用不同的级别前缀：S代表自由泳、仰泳和蝶泳；SB代表蛙泳；SM代表混合泳。另外，4级以下的混合泳只设150米比赛且比赛中不采用蝶泳。比赛在长度为50米的泳池中进行。

因为残疾类别众多，所以包含了各式各样的出发形式：站立式出发、以坐姿从出发台跳入水中出发和水中出发。重度视障运动员在游进中无法判断是否快到达终点或转身处，允许辅助人员在其触壁或转身时通过盲杆给予提醒，这个过程被称为敲头，辅助人员被称为敲头者。这些视障运动员被要求在所有比赛中佩戴黑色不透光泳镜。

三、国际聋体联与聋奥会

残奥会的快速发展，也促进了聋奥会的发展。国际聋体联在1955年正式获得国际残奥委会的认可。我国于1988年4月加入国际聋体联。聋奥会为听障运动员提供了展示自己的舞台。由于听障运动员四肢健全，在比赛时基本与健全人无差别，所以相关赛事的竞争异常激烈，各国也非常重视。目前聋奥会是世界上发展最迅速的体育赛事之一。

由于听障运动员四肢健全，所以聋奥会游泳项目的设置与健全人奥运会相似。有所不同的是，听障运动员的听力损失至少要达到55分贝，满足此条件的运动员即可参加聋奥会游泳项目的比赛。由于听障运动员有听力障碍，在他们出发时，出发台会设置灯光信号（或手旗），灯光信号（或手旗）与发令员的枪声信号同步发出，当枪声响起时，灯光同时亮起，提示听障运动员出发。

四、国际特奥委会与特奥会

国际特奥委会成立于1968年，是管理特奥会的国际组织，旨在推动智障人士参与体育运动。特奥会是专为智残运动员设立的运动会。特奥会帮助智残运动员增强自信、增进与他人的友谊、挖掘个人潜能并融入社会。

1968年，在首届夏季特奥会上，游泳成为正式的比赛项目。特奥会游泳比赛规则以国际游泳联合会（FINA）的游泳比赛规则为基础，根据智残运动员的运动生理特征而制定。特奥会的特殊性表现在：第一，参加比赛的智残运动员的IQ值在70以下，年龄在8岁以上，参与体育活动的时间在8周以上，需要有专业医疗机构的医师证明；第二，需要户籍证明；第三，已在当地的特奥统计中登记入册；第四，要有家长或监护人签署的参赛声明书。特奥会游泳项目的各个级别的比赛均无成绩记录，倡导广泛参与。比赛项目的设立基本与健全人游泳比赛相同，但为了更好地适应智残运动员的生理特点，特增设了适合低能力智残运动员参加的比赛项目及融合运动比赛项目。

第四节　我国残疾人游泳项目的发展现状

一、我国残奥会游泳项目的发展现状

近年来，我国残疾人游泳运动开展较为广泛，多以国家、省、市（区）代表队为主要形式开展训练和比赛活动。残疾人体育行政部门每年（全国残疾人运动会年除外）定期举办全国残疾人游泳锦标赛，以竞赛的方式激励和促进残疾人游泳项目的发展，与此同时，还通过全国残疾人运动会选拔优秀运动员进行赛前集训，为参加国际性残疾人游泳赛事作准备。

1984年，我国残疾人游泳项目国家队首次参加残奥会；1988年，在汉城（现更名为首尔）残奥会上运动员展现出较强的实力，共获得了9枚金牌，打破了3项世界纪录。自此我国在残奥会游泳项目上的运动成绩逐渐提升。2000年，在悉尼残奥会上，我国残奥代表团游泳队拿到了13枚金牌。在2004年雅典残奥会、2008年北京残奥会、2012年伦敦残奥会上，我国残奥代表团游泳队分别获得19枚金牌、13枚金牌、24枚金牌。2016年，我国代表团在里约热内卢残奥会

的游泳项目上共获得37枚金牌、30枚银牌、25枚铜牌，打破了22项世界纪录，创造了我国参加残奥会以来在游泳项目上的最佳战绩。

二、我国聋奥会游泳项目的发展现状

我国在发展残奥会游泳项目的同时还兼顾聋奥会游泳项目的发展，比如，在全国残疾人运动会的游泳比赛和全国残疾人游泳锦标赛中，创造性地增设了听障运动员的参赛组别。在聋奥会举办的前一年，我国专门举办了全国聋人游泳锦标赛，为参加聋奥会进行运动员选拔，同时促进聋奥会游泳项目的发展。2013年，在保加利亚举办的第22届夏季聋奥会上，中国聋人游泳队取得了7枚金牌的历史最好成绩。

第五节　群众性残疾人游泳活动的开展现状

一、群众性残疾人游泳活动的开展现状概述

群众性残疾人体育活动具有多样化、大众化、励志性等特点，如轮椅篮球、轮椅网球、乒乓球、盲人象棋、盲人围棋、盲人国际象棋、飞镖、特奥融合运动、特奥领袖计划等各式各样的残疾人易于参与的体育活动，开展这些体育活动有利于丰富残疾人的体育文化生活。与其他体育活动相比，群众性残疾人游泳活动的开展程度还不高，参与游泳运动的普通残疾人还不多。其主要原因是游泳运动本身具有高危性，残疾人游泳又有很多个体差异，且残疾人游泳受残疾人自身身体条件和观念的限制、场地因素和场馆开放范围的限制、无障碍环境的限制、专业教练员指导的限制、残疾人对游泳活动认识不足的限制、社会对残疾人的接纳和认知程度的限制和场地运营安全性的顾虑等因素的影响较大。目前，群众性残疾人游泳活动发展得较为缓慢，智力残疾儿童的水中康复仅在江苏等地有所开展。以某市为例：以培养残疾人游泳运动员为目标的区县为数不多，针对普通残疾人的大众游泳活动的开展更少，仅有个别区县的特教学校为特教学员有组织地常年开展游泳教学活动。在各地方省份，开展残疾人游泳活动主要还是以培养高水平残奥运动员，选拔适龄残疾青少年运动员备战地方性、国家级和国际级赛事为主，针对普通残疾群众的游泳康复健身活动的开展程度较低。

但是游泳在残疾人身心康复、融入社会、满足社交需求、参与社会活动、展示残疾人精神面貌等方面起到了积极的推动作用；受季节影响小、能够常年锻炼；适合多种残疾类型的残疾人参与，深受残疾朋友的喜爱。中国残疾人体育运动管理中心（以下简称“体管中心”）在2016年里约热内卢残奥会后，充分利用现有场馆资源和专业技术优势，以问题为导向，大力推动残疾人群众体育活动的开展工作，针对基层残疾人对公共体育服务的需要，发挥体管中心

的示范和引领作用，组织实施撬动各地大力开展残疾人体育的公益服务项目，积极整合社会资源，打造康复健身产品，为残疾人就近、就便提供体育服务，残疾人游泳公益平台由此诞生。经过3年多的发展，该公益平台总结了很多可行的宝贵经验，每周为各类残疾人提供4次游泳服务，每年组织1次普通残疾人参与的游泳赛事活动等举措深受残疾人的认可和好评，形成了长效的运行机制，积极推动着全国各地残联组织和社会场馆开展残疾人游泳活动。

二、群众性残疾人游泳活动的社会价值

游泳活动的参与人群涵盖了肢残类、视障类、听障类、智障类、精神类、多重残疾等多种类型的残疾人。通过经常参与游泳活动，残疾人的心肺、肌力等身体机能得到改善，心态也更加阳光、性格更加开朗，从而对其生活产生了积极影响。残疾人通过游泳能够建立起一个活动群体，以群体的方式积极开展社会活动、融入社会生活。参与游泳活动正在给这一群体的生活带来正向改变。中央电视台、北京电视台、人民网、中国残联官网等各大主流媒体都对普通残疾人参与游泳活动进行了宣传报道。但全国普通残疾人游泳活动的开展还处于起步阶段，面向各类普通残疾人长期开展游泳培训的机构很少。我国各类残疾人口超过8500万，游泳基本是各类残疾人都可以参加的项目，而且残疾人参与游泳运动的热情高、需求强烈，而要满足他们这方面的需求，就需要更多的社会机构主动承担一些社会责任，发挥社会公益性，传递充满温情的社会正能量，使残疾人这个社会弱势群体能够和健全人一样就近、就便、经常性地参与体育健身活动，让残疾人能够融入社会生活，平等享受社会发展成果。

扫码听音频

第二章

户外和游泳馆无障碍设施

第一节　户外无障碍设施

一、人行通道无障碍

（1）在一座设施里提供规整、无杂物的人行通道是最基本的标准，只有如此，方可给轮椅或电动轮椅使用者、坐在手推车里的人及结伴而行的人提供合适的净宽。因此，人行通道的路面宽度至少应达到1000毫米。

（2）在人流量大的地方，如果人行通道有拐角或长度超过30000毫米，则应考虑机动性，并预留出足够的空间，宽度至少应达到1500毫米，供1名轮椅使用者通行；若拓宽到1800毫米，则可以让2名轮椅使用者面对面地擦肩而过。在竞赛场馆，所有可供观众使用的区域，人行通道的宽度都应该达到1800毫米。

（3）如果无障碍路线有坡度，其坡度最大不能超过1 ： 20（5%）。此外，要在一定距离之间设置水平休息平台，两个休息平台之间的距离要根据坡度而定。同时，还应该设置扶手栏杆，用于解决高度差超过300毫米的问题。

（4）在无障碍交通的上客和落客区至无障碍设施的主要入口之间，至少要建设一条符合上述标准的无障碍道路。这条无障碍道路应当在最大限度上也成为健全人群使用的主要线路。

（5）从交通集散区至一个场址内的建筑、设施和空间，至少应该有一条无障碍道路可以连接贯通，最佳做法是让条条道路都实现无障碍。

（6）人行通道和通行区域不能存在凸出物等任何可能将人绊倒的障碍，这对设施的所有使用者来说都十分重要。盲人用手杖不能发现的物体，将对盲人及注意力不集中的其他人都构成危险。

（7）在前缘高于地面700~2100毫米的无障碍通道中，墙壁上的凸出物的厚度不得超过400毫米，以免影响人行通道（包括连廊、走廊和过道）的通行。

（8）在人行通道全程中，通道地板至天花板的高度都应达到2100毫米，这对有视力障碍人群的通行安全十分重要。

（9）景观美化用的材料必须在通道全程中与整体通道保持平顺过渡。人行通道路面上的柱灯、自动饮水器和其他固定物体必须与通道形成对比，而且用盲杖能够探测到。

（10）灯柱、标志物、报纸架、垃圾桶等必须放置在通道外，或至少要用与通道具有高对比度的颜色进行清晰的标识。便携式的广告标识（如广告牌）不允许设置在通道上。

（11）休息平台对于使用手杖或拐杖的人十分重要。有靠背和扶手的座椅要设置在主要的通道外，而且要在其表面材料上显示出其与通道的颜色区别；座椅要在通道外每间隔50米设置一把。

（12）设在休息平台里的长条椅距离地面的高度应达到450毫米，背靠高度应达到750毫米。

（13）在允许的区域内，视线以下的装置要用标准照明进行标识，以便通行者更好地看清路面的情况。台阶和楼梯要用低位装置照亮踏面和踢面。

（14）从残疾人的角度出发，室外的楼梯需要与室内的楼梯一样，按照统一的标准进行设置安装。高对比度设计、防滑条、触觉警示带和符合要求的扶手，都要体现在室外楼梯的设计中。

二、坡道无障碍

坡道是指代替阶梯或给阶梯附加的斜面，为人们进入一栋建筑或到达一个抬高的区域提供方便。

（1）坡道为使用轮椅及手推折叠式婴儿车、手推车或其他带轮物体的人群提供方便出行的条件。坡道可以使用永久的、暂时的或便携式的设备。坡道也有一定的标准。例如，一个斜面总长少于600毫米的陡峭路缘，不能算作一个坡道。

（2）坡道的坡度最好为1：20（5%）。这个标准必须应用于所有入口和设施。但是，如果有充分的理由证明，1：20这个标准不可行，或者执行后会产生不合理的风险，可以作为个例进行特殊处理；允许适当地降低标准（主要针对次要的或辅助的设施），但最低标准为1：14（7.14%）。坡道的斜度不得高于1：14（7.14%）。

（3）坡道表面最大的横向坡度应为1：50（2%），而且坡道的宽度（坡道两侧扶手之间的宽度）最小应为1000毫米。

坡道的高差不同，其设计规范也不同，具体见表2.1。

表 2.1 坡道的设计规范

平台之间的垂直高度	最大坡度	最高标准	差异处理
0~75 毫米	1∶8	1∶12	
76~150 毫米	1∶10	1∶12	
151~300 毫米	1∶12	1∶14	
301~3000 毫米	1∶14	1∶20	对次要的或辅助的设施，1∶14的坡度可以接受，最高标准为1∶20，这个标准之外的任何调整都必须获得国际残奥委员会的批准
>3001 毫米	1∶20		如果有充分的理由证明1∶20这个标准不可行，或者异常困难，可以作为个例进行适当调整

三、平台无障碍

（1）如果坡道的垂直高差大于500毫米，则需要设置休息平台。换句话说，垂直高差大于500毫米的坡道，每升高500毫米，就必须设置一个平台。平台之间的水平长度取决于坡道的坡度：如果坡度为1∶14，则平台之间的水平长度为7000毫米；如果坡度是1∶20，则平台之间的水平长度为10000毫米。

（2）如果坡度小于1∶20，平台之间的水平长度则可以适当增加，但在任何情况下都不得超过20000毫米。

（3）坡道的顶端和底端都要设置水平平台，其最小尺寸为坡道的宽度 ×1500毫米（长）。坡道拐角处应设置平台。

（4）当一个平台连接多个坡道时，这个平台必须至少与其连接的最宽坡道同宽。

四、扶手无障碍

坡道的垂直高度大于300毫米时，必须设置栏杆，而且栏杆必须满足以下要求。

（1）设置在坡道两侧。

（2）在回转和弯曲的坡道内侧要连续设置，若不能连续，则应在坡道顶部和底部的水平段至少延伸300毫米，并转接到墙上、地面或柱子上。

（3）所有坡道都要与邻接的道路有至少300毫米宽的缓冲平台，避免坡道扶手栏杆对行人构成伤害。

（4）栏杆安装高度应当从坡道表面算起并达到850~950毫米。

（5）栏杆之间的距离至少应达到1000毫米。

（6）扶手截面应当是圆形的，直径为35~45毫米。扶手应连续（没有其他建筑结构件阻断）且与墙面间的净空达到45~60毫米。扶手的设计要做到不会对行人造成任何伤害。

（7）原则上，坡道应当是入口的首选，因为它符合普适性无障碍要求，也可作为紧急出口。在任何情况下，只要有台阶和楼梯的地方，就应设置坡道或电梯，为无障碍通行提供条件。

（8）坡道的地面一定要进行防滑处理，而且要设置易察觉的警示面。该警示面要与邻接的防滑路面形成颜色和质感的对比。

（9）如果坡道长度大于60000毫米，垂直高度超过3000毫米时，最好采用其他的解决方案而不选择设置坡道，例如，如果有条件可以采用电梯。

第二节 游泳馆无障碍设施

一、门及门口无障碍

（1）净宽：门开至90度时，门口的净宽至少应有850毫米，最好能达到950毫米；对于使用轮椅进行比赛的残奥会竞赛场馆来说，运动员准备区门的宽度要增加到1000毫米。

（2）如果门是由独立操作的两扇门组成的，那么至少其中一扇可活动的门要满足上述关于门开启后最小净宽的要求。

（3）各主要入口安装电动门的具体要求如下。

1）电动门的摆动路径要标记在地面上。

2）无把手的操作器。

3）用不大于30牛顿的力便可让门停止运动。

4）如果设在火灾逃生路线上，在出现紧急情况时，门仍然应能够开启。

5）门完全开启至少需要3秒。低阻尼延迟动作的电动门完全开启和关闭，用时应当至少需要2秒。

（4）非自动门的要求如下。

1）U形杠杆式把手或D形把手的内径至少应达到150毫米。一只手就可以操作把手，且不需要精准的控制力。把手应安装在距地面900~1100毫米的位置。

2）滑门上安装的操纵器应该露在外面，当门处于完全开启状态时，从门的两侧都可以进行推拉。

3）在门闩一侧的拉动面，应留有至少500毫米的净空间。

4）公告或提示不应贴在门上，避免读者停留在门的转动路径上。

5）应当去除容易使人绊倒的门槛。

6）门扇与门框或邻接的墙面要形成至少30%的亮度对比，包括玻璃墙上的玻璃门。

7）在门与门串联相接的情况下，两个相邻门之间的间隔，扣除两扇门完全开启所占用的宽度后，所剩净宽应达到1500毫米。

8）门前要有缓冲空间，以保证门口两侧能够容纳有行动障碍的人，而且门闩旁边要留有一些净空间。门前的缓冲空间大小见表2.2。

表2.2 侧边铰链固定门前和滑动门前的缓冲空间

门的类型	场景		深度（毫米）	宽度（毫米）	门闩旁的净空间（毫米）
侧边铰链固定门	从正面接近	拉门一侧	1500	1500	500
		推门一侧	1200	1200	300
	从门闩侧接近	拉门一侧	1200	1500	500
		推门一侧	1050	1500	600
	从铰链侧接近	拉门一侧	1500	1500	500
		推门一侧	1050	1350	450
滑动门	从正面接近		1200	900	50
	从侧面接近		1050	1350	540

（5）不同类型的门有不同的要求，具体如下。

1）滑动门对一些人来说很容易操作，而且所需的轮椅缓冲空间较小。

2）通常旋转门不便于有行动障碍或视力障碍的人及儿童使用。当采用旋转门时，应同时在旁边提供宽度适当的电动门。

3）装有玻璃的门要设置对比颜色带或其他指示标识，以便视障人士辨别。

二、卫生间无障碍

（1）任何设施都是给人使用的，即使人们在这个设施中停留的时间可能很短，但如果没有无障碍卫生间，就不能将其称之为无障碍的设施。

（2）无障碍卫生间必须男女通用且不能设于某个限定性别使用的卫生间里，以便不同性别的人，如看护者、家人等为残疾人或老人等提供帮助。

（3）如将无障碍卫生间单独设置且在公共卫生间处无法看见，就应设置适当的向导标识。

（4）在每一个男、女卫生间附近，要设置1个男女通用的无障碍卫生间。

（5）残奥会期间，对无障碍卫生间的需求量更大，需要设置更多的无障碍卫生间，这些增加的无障碍卫生间可以分别设置在男用和女用卫生间里。

（6）一般来说，无障碍卫生间的设置比例应为1：15（即为每15个有需求的人提供1个无障碍卫生间）。

（7）所有标识要采用标准的图标，而且标识内带有凸起的字母或符号，其凸起高度应为1毫米。标识应安装在距地面1350毫米的墙壁上，且应安装在门锁一侧的墙上而不是门上，以减少视障人士发生碰撞的危险。如果卫生间入口处没有门，则标识应安装在卫生间入口处的左手边（见图2.1）。

图2.1 男卫生间标识

（8）为了方便视障人士使用，应采用高对比度的门框和门用五金器具（见图2.2）。

图2.2 更衣室高对比度门框

（9）男女通用无障碍卫生间的净空间应为2200毫米 × 1800毫米，此空间内必须设有坐便器、洗脸盆、扶手杆（紧挨坐便器）、镜子、给皂器、纸巾分配器、卫生纸分配器。

（10）为方便家庭使用，在男女通用的公共无障碍卫生间内，也可安装婴儿尿布更换台。

（11）在男用或女用无障碍卫生间内，可供通行的净空间应为1700毫米 × 1800毫米。

（12）盥洗室与厕位之间应提供长度至少为750毫米的移动空间，如条件允许，最好能达到800毫米或更宽。

（13）所有无障碍卫生间和盥洗室的门至少要有850毫米（宽），当门的开启角度达到90

度时，门宽最好应达到950毫米。

（14）门的转动不能占用固定物安装所需要的净地面空间。在男女通用卫生间，应设置可以自动关闭的光控闭门器（20牛·米），以方便使用。

（15）卫生间的门应配备轻便好用的门闩，以便灵巧度受限的人使用。门开启的所有器件必须与门的表面形成较大的视觉对比。

（16）无障碍卫生间固定装置——坐便器应设置在距侧墙450毫米处。

（17）马桶座圈与装潢地板之间的高度差应为450毫米 ± 10毫米。

（18）必须安装马桶盖，马桶盖翻开并超过垂直角度10度~15度时，可以作为靠背。在没有马桶盖或水箱的情况下，必须另设靠背。

（19）水箱盖必须牢固地安装在水箱上。

（20）马桶冲水调节装置最好采用电子自动控制方式，或者设在移动区域一侧或远离墙壁的一侧，要伸手可及，方便手动操作。

（21）卫生间应设置抓握杆，抓握杆应为L形，由长度均为750毫米的一根立杆和一根横杆组成（见图2.3）；横杆应安装在高于马桶座圈230毫米的位置（见图2.4），立杆应超出马桶座圈的前缘150毫米。

图2.3　卫生间L形抓握杆

图2.4　马桶座横杆

（22）人坐在马桶座圈上时，卫生纸分配器必须伸手可及，其设置高度应不低于600毫米，所用颜色要与墙壁形成高对比。

（23）最好采用常规的旋转滚筒纸，便于手部灵巧度受限的人使用。

（24）在洗脸盆区域，各类配件（如给皂器、纸巾）必须在离地面高度为900~1100毫米，距离洗手盆的中央不超过750毫米的位置。洗脸盆最好接近墙角，这就是所谓的“集群技术”。

（25）垃圾桶或其他障碍物不应妨碍人使用卫生纸分配器，也不能占用拉开门必需的500毫米的距离空间。

（26）卫生间洗脸盆必须带有一个台面（见图2.5），或者在旁边设置搁板。

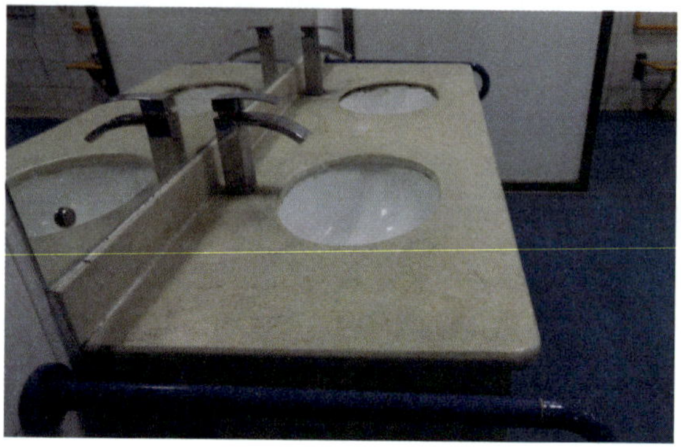

图2.5 无障碍洗脸盆台面

（27）纸巾分配器应采用杠杆操纵式设计或无须使用双手进行操作的设计；安装高度为离地面900~1100毫米，离洗脸盆750毫米，不能安装在对面的墙壁上。

（28）在男女通用的无障碍卫生间内，要在洗脸盆上方设置一面镜子，其底部应高于楼层地面1800毫米。

（29）男女通用的无障碍卫生间内应优先采用无把手的自动水龙头。水龙头的最低要求是：单独的、恒温控制的和杠杆操纵的水龙头；热水和冷水不得采用分开控制的设计。在卫生间附近，应提供交流电插座，以便在该插座上使用适应性装置。

（30）洗脸盆的最大深度为150毫米，净高为680毫米。

（31）在男女通用无障碍卫生间内，洗脸盆和坐便器之间的最小距离应为1000毫米。

（32）当提供尿布更换设备时，这些设备的安装高度应为850毫米，其下方净空应至少为750毫米，深度至少为500毫米。

（33）所有男女通用的无障碍卫生间必须设置女性用卫生纸巾垃圾桶；该垃圾桶放置在墙边、无障碍抓握杆的下方，并且应靠近马桶前缘。

（34）每种类型的洗手间内，各类附件都应有操作装置，其安装位置为距离地面900~1100毫米。

三、淋浴器无障碍

（1）设置有杠杆操纵的水龙头，其操作所需的力应不超过13牛顿，并且用紧握的拳头可以操作，坐着也能操作。

（2）在墙上设有水量控制装置，其安装位置距地面不应超过750毫米，距端墙也不应超过750毫米。

（3）提供便携式的折叠坐凳或安装在墙上的折叠坐凳（见图2.6），坐凳应安装在距淋浴间地面440~460毫米的位置，坐凳的凳面至少宽480毫米，长850毫米（±10毫米），其边缘与相邻墙壁的最小距离为100毫米，最小载荷为135千克，坐凳应防水、有衬垫且容易清洗。

图2.6　淋浴间折叠坐凳

（4）应设有一个手持的淋喷头，安装在坐着也能够得着的位置（见图2.7），淋浴软管至少长1500毫米。

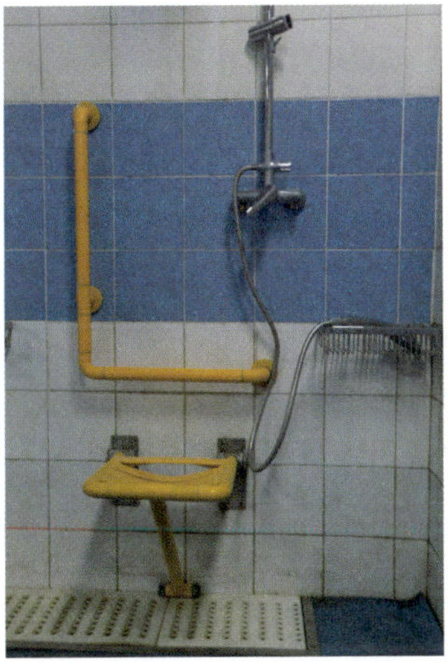

图2.7　淋浴间手持淋喷头和嵌壁式肥皂架

（5）淋浴间应设有嵌壁式的肥皂架，坐着也伸手可及（见图2.7）。

（6）安装合格的抓握杆，水平长度不少于750毫米，垂直长度不少于900毫米，抓握杆的中心线应高于地面850毫米，安装在坐凳墙面上的抓握杆的长度应达到750毫米。

（7）应设具备温度调节控制器和高温监控功能的设备，保护使用者。

四、更衣室无障碍

（1）提供成人更衣用的长椅（见图2.8）。

图2.8 更衣室长椅

（2）因为密闭设施会增加行动障碍者的使用难度，所以设施布置要少，以方便进入。

（3）提供伸手可及的储物柜（见图2.9和图2.10）。

图2.9 更衣室高对比度储物柜1

图2.10 更衣室高对比度储物柜2

（4）在男用和女用更衣室分别设置无障碍卫生间（见图2.11）。

（5）在男用和女用淋浴间分别设置无障碍淋浴器。

图2.11　更衣室无障碍卫生间

（6）在治疗、急救、教练员和工作人员使用的工作室内，提供男女通用的无障碍更衣室和卫生间，不必每个区域都配备。

五、泳池通道和移动无障碍

（1）在更衣室通向泳池处，需经过涮脚池，此处可搭设垫板，以方便轮椅使用者通过（见图2.12）。

（2）为行动不便的人士提供充足的轮椅，便于其在游泳馆内移动（见图2.13）。

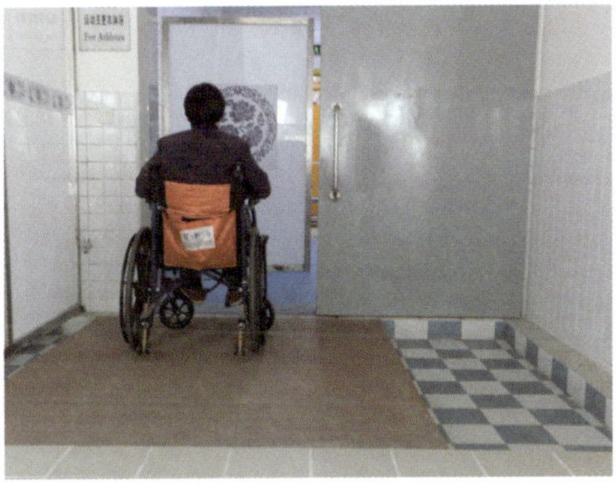

图2.12　男、女更衣室通向泳池的涮脚池过道无障碍设施

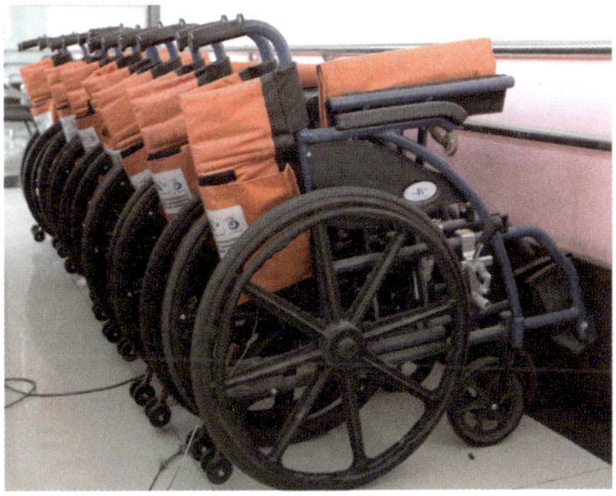

图2.13　提供充足的轮椅

六、泳池无障碍

北京市残疾人文化体育指导中心游泳馆内泳池无障碍下水坡道和下水台阶（均属于下水辅助区域）标准如下。

（1）台阶下水区的踏步宽度为300毫米，共4步台阶，台阶采用非黏土实心砖砌筑；两侧安装不锈钢无障碍扶手，为方便不同类别的残疾人使用，无障碍扶手分两层，下层高度为580毫米。

（2）无障碍下水坡道长度为7200毫米，底部标高－600毫米，坡度为1：12（8.33%）；地板采用钢筋混凝土现浇，无障碍扶手与台阶下水区的要求一致。

（3）无障碍下水坡道与台阶下水区之间设有过渡区，底部标高－600毫米，宽度为2700毫米。

七、装配式多功能水陆平台

水陆平台采用全新的复合材料、全新的模块化拼装技术，可以用作水中垫层，也可用于在陆上搭建颁奖台、舞台等。水中垫层主要由面板、面板底座、立柱、横档、横档连接件、紧固件等组成，具有功能强大、造型美观、材料环保、易维护、成本低等特点。水中垫层可以根据不同的需要设定平台在水中的高度，拼装成不同的面积，完成水中教学任务；特别有利于为肢体残疾人或行动不便的残疾人的水中初级游泳教学提供方便，减少其在水中的安全风险，提高教学质量。

八、上下水无障碍辅助器材

重度肢残学员在上下水时，可以借助辅助器具，如升降椅。升降椅分固定式升降椅和移动式升降椅两种。可根据场地和条件的不同配备相应的辅助器材，以方便重度肢体残疾学员进行水中康复、游泳教学。

扫码听音频

第三章

残疾人游泳教学组织

第一节　残疾人游泳技术及教学要求

在进行残疾人游泳技术教学前要先让学员进行熟悉水性的练习，然后根据学员的具体情况，有针对性地进行后续的教学。本节主要介绍残疾人游泳技术及教学要求。

一、残疾人游泳技术教学基本要求

（一）基本要求

（1）教残疾人游泳动作时，要根据残疾人的具体情况。一般应从腿部动作开始，除非他们完全瘫痪或被截肢。如果初学者的腿的灵活程度受限（虽然能在水中移动，但并不灵活），则一定要抓紧时间教他们做出有效的推进动作。

（2）其次是手臂动作的教学。在水中推进的动作模式是多种多样的，应选择适合残疾人身体状况的动作。

（3）在初学阶段，所练习的动作应该是缓慢和简单易学的，等学员能够灵活地做这些动作后，再根据学习进展对动作进行逐步细化，使其不断地获得更大的推进力。

（4）在水中尽可能以放松为目标。

（5）建议教授几种不同的动作，以便残疾游泳者能尽可能地改变自身泳姿，享受游泳的乐趣。

（6）教练员应该能够为学员示范残疾游泳者所需完成的动作。教练员应该尽可能地让自己站在每个学员的角度，模仿他们的残疾障碍，这样学员就能理解他们可能遇到的困难。

（7）当教授残疾学员游泳技术时，一定要教授正确的动作，先以正常的速度完整地演示每一个动作，然后使用分解练习来辅助教学。好的教学方法是与学员一起“练习”划水动作，然后进行分解练习；首先以一种简化的形式教授，然后逐渐增加难度。

（8）在某些情况下，教练员将能够决定如何修改动作和技术，甚至可以将动作和技术进行组合。例如，蛙泳手和爬泳腿结合的动作。但需要注意的是，应只在有必要的时候修改和组合动作与技术。

（9）残疾学员在体能和学习能力上有所不同，但游泳教学的原则对所有的学员来说都是一样的。教练员应该考虑什么教学方法对学员最有效，并确定适宜的练习时间，以帮助他们掌握游泳技能。

（10）应该先教授什么泳姿取决于学员个人适应水的能力、功能水平、水中安全评定、信息理解等。

（11）有人认为，身体残疾的人的漂浮情况会因他们的残疾情况不同而有更明显的差别。例如，大多数痉挛截瘫患者的腿有下沉的表现；而一些小儿麻痹症患者，其双腿瘫痪，漂浮得很好，但很难回到垂直方向。一般来说，偏瘫患者的瘫痪侧下沉到一定程度时，有些患者将无法浮在水面上；而被截去一条或两条腿的人比同体形的健全人能更好地漂浮。大多数脑损伤残疾人，在肌肉收缩时，一旦痉挛，身体僵硬或紧张的部分会下沉。

（二）残疾人入水和出水的方式

从教练员第一次见到残疾学员开始，一个建立信任的过程就开始了。随着学员与教练员之间信任水平的提高，学员以各种方式进入泳池环境的信心也会增强。对残疾学员来说，了解并有能力进行各种各样的入水和出水是很重要的。由于教练员的目标是让学员尽可能独立地在泳池环境中使用适当的固定设施辅助入水以完成游泳活动，所以教练员应该鼓励残疾学员尝试尽可能多的、不同难度的入水和出水方式，而不仅仅是在一个受控的教学环境中教他们入水或出水。

残疾学员第一次接触水的时候，会发现自己在水中可以摆脱所有的人工辅助。在条件允许的情况下，残疾学员可以自己下水。如果有必要，可以坐着采用“用手移动”的方式，走下台阶，前提是其有能力而且没有皮肤损伤的风险（截瘫患者必须特别注意这一点）。如果不能完成，残疾学员必须被抬起来轻轻地放入水中，直到整个身体没入水中，只保持嘴和鼻子在水面上进行呼吸。

1. 残疾学员入水和出水类型的影响因素

每个学员的身体、智力和情感环境都不同，教练员必须对所有学员进行评估。学员可能有学习困难或协调困难，可能影响学习过程，这需要教练员根据每位学员的活动能力、身体机能、体形、年龄和身体素质帮助其确定入水和出水类型。

2. 肢体残疾的转移技巧

在肢体残疾（双下肢残）学员的游泳教学中，轮椅至泳池的转移技术是游泳教学中一个重要的技术动作，帮助学员正确掌握独立转移技术，可以让其顺利进入水中，开启泳池中的教学环节。

轮椅通常距离地面390~510毫米，由此我们需要引入一个过渡台阶的概念。过渡台阶可以是真实的台阶，也可以是长条座椅（最佳高度为轮椅高度的一半），但一定要选择台阶高度低于轮椅高度的辅助物，再由过渡台阶转移至地面。

（1）（独立）轮椅至泳池转移的3个阶段（见表3.1）

1）第一阶段：轮椅至过渡台阶。

2）第二阶段：过渡台阶至地面。

3）第三阶段：地面至泳池。

表3.1 **轮椅→过渡台阶→地面→泳池移动技术流程（独立）**

内容		第一步	第二步	第三步	第四步	第五步	备注
轮椅 ↓ 过渡台阶	500毫米 ↓ 250毫米	轮椅置于靠近过渡台阶的位置，学员健侧位与过渡台阶沿呈45度夹角	将轮椅制动，移开脚踏板	调整体位，将臀部稍向前移出，置于轮椅边缘	健侧臂支撑过渡台阶面，将臀部抬起，身体转动呈45度夹角	确信双腿后侧贴近过渡台阶面后平缓坐下	独立完成
过渡台阶 ↓ 地面	250毫米 ↓ 0毫米	将两腿伸直，臀部缓慢移至过渡台阶边缘	身体转向残肢一侧，弯腰，健侧臂支撑地面	健侧臂支撑地面，身体缓慢下落，贴近地面坐稳	将双腿伸直，身体缓慢移动至泳池边缘，此时佩戴浮具	臀部坐于池沿，双腿置于水中	独立完成
地面 ↓ 泳池	0毫米 ↓ -50毫米	以坐姿移动身体至池沿，双腿置于水中，健侧臂靠近台阶扶手处	由坐姿变为仰卧姿势，双腿置于水中	由仰卧姿势变为俯卧姿势，双腿置于水中	健侧臂握台阶扶手，身体缓慢地移动进入泳池	健侧臂手放开台阶扶手，手扶池沿完全进入泳池	独立完成
注意事项		学员双下肢活动受限，但上肢至少有一侧活动不受限					

（2）（辅助）轮椅至泳池转移的2个阶段（见表3.2）

1）第一阶段：轮椅至地面。

2）第二阶段：地面至泳池。

表3.2 **轮椅→地面→泳池移动技术流程（辅助）**

内容		第一步	第二步	第三步	第四步	第五步	备注
轮椅 ↓ 地面	500毫米 ↓ 0毫米	辅助人员将轮椅置于靠近泳池边缘的位置，将轮椅制动、移开脚踏板	协助学员轻轻移动身体至轮椅边缘	辅助人员面向学员，双膝抵住学员双膝，学员的双臂置于辅助人员的肩部后方	辅助人员将学员重心向自己移动，双臂提住学员腰带（或搂住腰部）	向上提起学员，移开轮椅，轻轻地将学员置于地面，第一阶段完成	辅助人员协助完成
地面 ↓ 泳池	0毫米 ↓ -50毫米	以坐姿移动身体至池沿，双腿置于水中，辅助人员给学员佩戴浮具	由坐姿变为仰卧姿势，双腿置于水中	由仰卧姿势变为俯卧姿势（辅助人员协助），双腿置于水中	可用双手握住辅助人员的双手，身体缓慢移动进入泳池	脱离辅助人员的双手，手扶池沿，完全进入泳池，完成入水	可独立完成，可辅助完成
注意事项		学员双下肢活动受限，但上肢至少有一侧活动不受限					

（3）（独立）泳池至轮椅转移的3个阶段（见表3.3）

1）第一阶段：泳池至地面。

2）第二阶段：地面至过渡台阶。

3）第三阶段：过渡台阶至轮椅。

表3.3 泳池→地面→过渡台阶→轮椅移动技术流程（独立）

内容		第一步	第二步	第三步	第四步	第五步	备注
泳池↓地面	-50毫米↓0毫米	双手由手扶池沿变为健侧臂手握台阶扶手	健侧臂握住台阶扶手，身体借力缓慢向上移动至上身俯卧于地面	缓慢地由俯卧于地面变为仰卧于地面，健侧臂靠近台阶扶手	健侧臂拉住台阶扶手，将身体由仰卧姿势变为坐姿，解开浮具	健侧臂支撑地面，身体向后移动，使双腿完全置于地面，完成移动	独立完成
地面↓过渡台阶	0毫米↓250毫米	将两腿伸直，用健侧臂支撑地面，移动至健侧臂靠近过渡台阶边缘的位置	将健侧臂置于过渡台阶上用作支撑，撑起时将1~2块浮具置于身体下方支撑	健侧臂支撑用力，将臀部坐上过渡台阶边缘	健侧臂支撑在过渡台阶上，身体向后移动，至身体完全坐稳	健侧臂抬起残下肢，将双下肢伸直	独立完成
过渡台阶↓轮椅	250毫米↓500毫米	将轮椅拉至靠近过渡台阶45度的位置，将轮椅制动，移开脚踏板	健侧臂支撑过渡台阶面，使臀部靠近过渡台阶边缘，抬起臀部，转身45度	健侧臂手握轮椅扶手，另一侧臂置于轮椅另一侧扶手上，缓慢将臀部置于轮椅边缘	健侧臂支撑轮椅扶手，缓慢移动身体至完全坐稳	将轮椅脚踏板打开，将双脚置于脚踏板上，解开轮椅制动，完成全部动作	独立完成
注意事项			学员双下肢活动受限，但上肢至少有一侧活动不受限				

（4）（辅助）泳池至轮椅转移的2个阶段（见表3.4）

1）第一阶段：泳池至地面。

2）第二阶段：地面至轮椅。

表3.4 泳池→地面→轮椅移动技术流程（辅助）

内容		第一步	第二步	第三步	第四步	第五步	备注
泳池↓地面	-50毫米↓0毫米	辅助人员双手握住学员双手，将其身体拉向池沿	将学员身体旋转180度，由面向泳池变为背对泳池，双手握住学员的双手	如学员双上肢健全，辅助人员可紧握双手，将其向上提起，以坐姿将其置于池沿。如单上肢健全，可将双手置于学员腋下，将其向上提起至池沿	协助学员移动至腿部全部置于地面，平稳坐好	去除浮具，以平稳坐姿完成第一阶段	辅助人员协助完成

续表

内容		第一步	第二步	第三步	第四步	第五步	备注
地面 ↓ 轮椅	0毫米 ↓ 500毫米	辅助将轮椅移动至学员后背部位置，将轮椅制动，移开脚踏板	辅助人员面向学员，学员双臂置于辅助人员的肩后方	辅助人员的双臂置于学员的腰背部，锁住其髋关节	缓慢提起学员至轮椅边缘，调整学员身体坐姿至平稳坐好	将轮椅脚踏板打开，学员将双脚置于脚踏板上，解开轮椅制动，完成全部动作	辅助人员协助完成
注意事项			学员双下肢活动受限，但上肢至少有一侧活动不受限				

二、爬泳

爬泳是采用俯卧的身体姿势，使人体置于水面上，两腿上下交替打水，两手臂交替划水，从而推动身体向前游进的一种泳姿，爬泳的动作与爬行相似，因此被称为“爬泳”。

在现代竞技游泳比赛中并没有“爬泳”这个项目，但自由泳比赛规定运动员可以用任意泳姿游进，而爬泳是各种泳姿中游进速度最快的一种，因此在自由泳竞赛中，运动员几乎都用爬泳游进，所以爬泳也被称为“自由泳”。

（一）爬泳腿部技术动作

1. 爬泳腿部技术动作要求

（1）要求学员两腿并拢，两脚内旋，以髋关节为轴发力，由大腿带动小腿和脚掌，两腿交替做鞭状打水动作（见图3.1）。

图 3.1　爬泳腿部技术

（2）向上打水：要求学员在练习中由大腿带动小腿向上移动；当整条腿移到与水面基本平行时，大腿停止继续上移；转而向下打水，但小腿和脚由于惯性作用仍继续上移，使膝关节弯曲。

（3）向下打水：小腿和脚在向上打水结束后，在大腿的带动下开始向下后方屈腿打水。

2. 爬泳腿部技术动作练习方法

（1）陆上或池边坐撑爬泳腿打水模仿练习（见图3.2和图3.3）

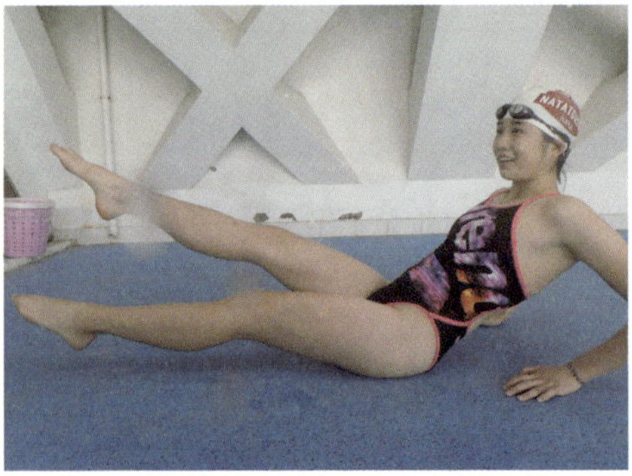

图3.2　陆上坐撑爬泳腿打水模仿练习

图3.3　池边坐撑爬泳腿打水模仿练习

1）练习目的：初步学习爬泳的腿部动作，在视觉帮助下掌握爬泳的腿部技术。

2）练习要点：坐于池边或岸上，双手后撑于地面，双腿前伸；两腿放松，以髋关节为轴，由大腿带动小腿和脚掌，上下交替打水。

3）练习提示：要求目视自己的腿部动作，臀部以下的大腿不能触碰地面，连续做打水练习。

（2）俯卧池边爬泳腿打水模仿练习（见图3.4）

图3.4　俯卧池边爬泳腿打水模仿练习

1）练习目的：在俯卧位、失去视觉辅助的条件下，依靠肌肉感觉练习正确的爬泳腿动作。

2）练习要点：俯卧于池边，双腿在水中，做爬泳打水动作，体会在水中爬泳的感觉。

3）练习提示：用大腿发力，带动小腿，直腿打水，水花不要太大。

（3）扶池边漂浮爬泳腿打水练习（见图3.5）

图3.5 扶池边漂浮爬泳腿打水练习

1）练习目的：体会在水中漂浮打水、掌握平衡的感觉。

2）练习要点：手扶水槽，身体呈水平姿势，直腿打水；每打水6次，抬头吸气1次，吸气时腿不要停止打水。

3）练习提示：如果感觉漂浮不起来，可系背漂辅助漂浮。

（4）扶板爬泳腿打水练习（见图3.6）

图3.6 扶板爬泳腿打水练习

1）练习目的：体会在水中无固定支撑，依靠打水推动身体前进的感觉，改正错误动作。

2）练习要点：练习时两臂伸直，放松扶板。

3）练习提示：直腿打水易造成精神紧张而无法游进，此时可稍屈膝，上抬小腿，在脚掌刚露出水面时就用力向下打水。

（二）爬泳手臂技术动作

1. 爬泳手臂技术动作要求

良好的爬泳手臂动作包括4个环节：入水、划水、出水和空中移臂（见图3.7）。

图3.7　爬泳手臂技术

（1）入水。入水的时候手指并拢并伸直，手指先入水，然后小臂入水，最后是大臂入水。

（2）划水。向下划水和抓水：入水后，屈腕、屈肘，沿曲线下划并抓水。向内划水：保持高肘姿势，加速向内、向后、向上沿曲线划水。向上划水：手臂沿曲线向上、向外和向后划水，需加速连贯完成，不能有停顿。

（3）出水。手臂推水到大腿旁后，屈肘，肘部上提，带动手臂和手出水。

（4）空中移臂。提肘后，向身体前方移臂，肘高于手，手像是插入水中。

2. 爬泳手臂技术动作练习方法

（1）陆上单臂爬泳划水练习（见图3.8）

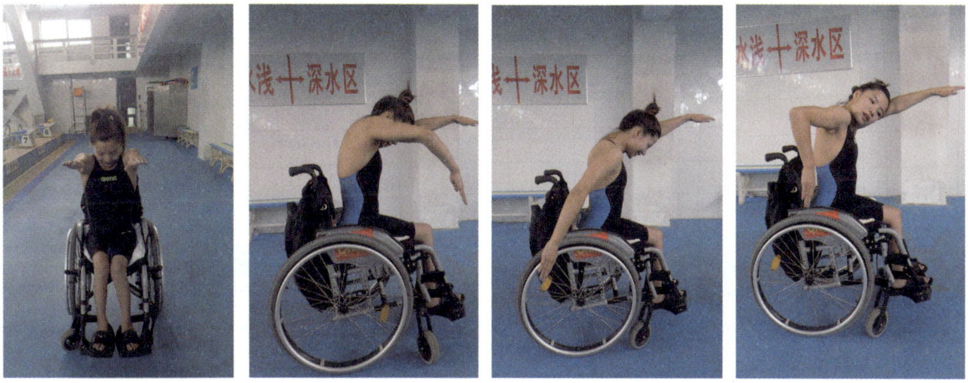

图3.8　陆上单臂爬泳划水练习

1）练习目的：熟悉爬泳时手的划水动作路线。

2）练习要点：坐于轮椅上，一侧手臂向前伸直，另一侧手臂做划水模仿练习，按入水、划水、出水、空中移臂的顺序完成动作。

3）练习提示：手在头前方入水，手划至大腿再出水。

（2）陆上双臂爬泳划水和呼吸练习（见图3.9）

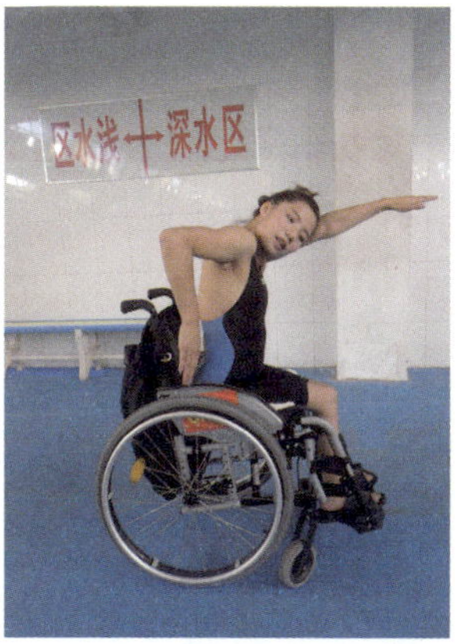

图 3.9　陆上双臂爬泳划水和呼吸练习

1）练习目的：体会双臂配合的节奏。

2）练习要点：同单臂练习，但需要双手连贯完成，侧头呼吸。

3）练习提示：体会肩部的转动。

（3）俯卧池边单臂爬泳划水模仿练习（见图3.10）

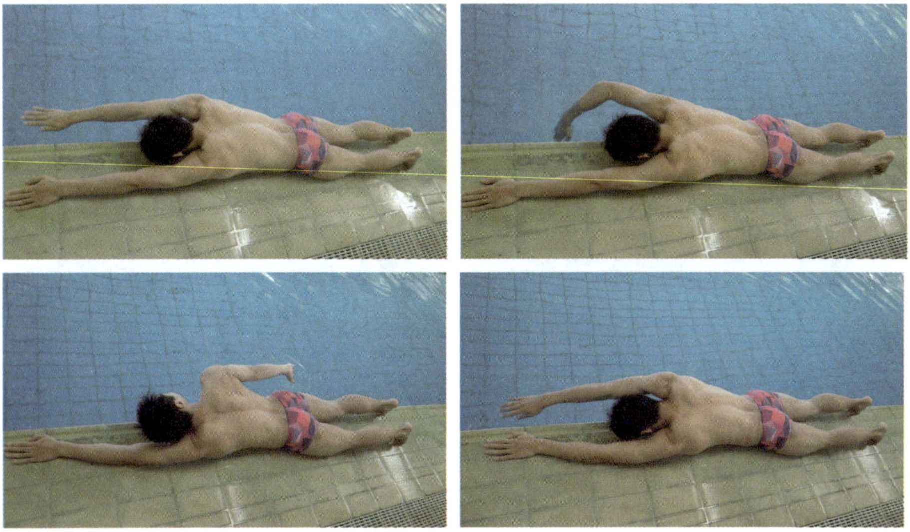

图3.10 俯卧池边单臂爬泳划水模仿练习

1）练习目的：体会手臂划水的感觉。

2）练习要点：俯卧于池边，一手前指一手在水中划水。

3）练习提示：出水动作就像手从裤兜中抽出，移臂动作就像手拉身体侧面的拉链。

（4）扶池边爬泳配合练习（见图3.11）

1）练习目的：体会身体转动与划水、呼吸协调配合的感觉。

2）练习要点：双手扶在池边，身体俯卧用腿打水；边打水边用一侧手臂做划水动作；头随身体转动而转动，转动时协调呼吸。

3）练习提示：练习中要掌握手臂和呼吸的配合时机，体会身体转动与划水、呼吸的协调配合。

图3.11 扶池边爬泳配合练习

（5）双腿夹板爬泳划水练习（见图3.12）

图3.12　双腿夹板爬泳划水练习

1）练习目的：体会身体转动与划水、呼吸协调配合的感觉。

2）练习要点：两腿之间夹一块浮板，使身体获得一定浮力；双臂做爬泳划水练习。

3）练习提示：身体不要左右扭动，要成为一个整体转动。

（三）爬泳完整配合技术动作

1. 爬泳完整配合技术动作要求

爬泳完整配合技术动作是由身体姿势、爬泳腿部动作、爬泳手臂动作、爬泳呼吸4个部分的动作协调配合构成的（见图3.13）。

（1）左臂入水，右臂划至肩侧、手在腹下位置，开始吐气。

（2）左臂逐渐下划，右臂从肩侧向后推水，同时开始转头加速吐气。

（3）左臂缓慢下划，右臂结束划水并提肘出水，进行吸气。

（4）左臂保持高肘（即肘移动比小臂慢一些）划水，右臂出水移至肩侧，完成吸气。

图3.13　爬泳完整配合

图3.13（续） 爬泳完整配合

（5）左臂屈肘划至肩下，右臂前移即将入水，头随着手臂移动还原到正前方。

（6）现代爬泳常采用6次打水、2次划水、1次呼吸的配合技术（即6：2：1配合）。

2. 爬泳完整配合技术动作练习方法

（1）陆上单臂爬泳划水练习

练习目的：熟悉爬泳划水动作结构。

练习要点和方法：一只手撑住膝盖，另一只手做划水模仿练习，按入水、划水、移臂做动作。

练习提示：手在头前部方入水，手碰到大腿再出水。

（2）陆上双臂爬泳划水和呼吸练习

练习目的：体会双臂配合节奏。

练习要点：同单臂练习，双手连贯完成。

练习提示：肩部应转动。

（3）爬泳完整配合水中练习（见图3.14）

当教授残疾学员爬泳技术动作时，教练员需要根据不同学员的具体情况来调整泳姿。

图3.14 爬泳完整配合水中练习

（四）爬泳注意事项

（1）在爬泳游进时，学员的手臂如果越过身体下方的中心线，会导致身体过度扭动。因此，在训练中让学员避免将手划过身体中心线，这将有助于在爬泳游进中维持身体的位置，减少身体的蛇行动作。

（2）协调能力差的学员可能在爬泳中使用直臂动作，而不是曲臂动作。这可能是学员的身体功能的差异——手臂的弯曲动作可能影响平衡、身体滚动、划水等功能。当然这因人而异。

（3）对身体情况较差的游泳者或上半身发育不佳的人来说，在划水最后阶段要防止短入水或过度划水。

（4）在爬泳学习的早期阶段，建议截肢的学员在截肢的一侧呼吸，因为这有助于学员在爬泳中保持身体平衡。等学员能对身体进行控制时，就可以教他左右呼吸了。

（5）有视力障碍的学员可能发现，在较宽的水域中爬泳很难游直。针对此类学员，应缩短他们游泳区域的宽度。在比赛中，视障游泳运动员到达转身端或终点端时会有盲杆敲头提醒，这种练习可以融入游泳教学中。

（6）一侧肌肉紧张的学员在完成划水动作时可能出现手臂自由活动困难的情况。出现这种情况，教练员可能需要改进和协调划水动作，使学员能完成一个短臂和一个长臂的爬泳循环。

（7）有认知学习困难或智力障碍的学员可能很难改变其之前学习过的不正确的爬泳技巧。教练员必须继续纠正学员的错误，如果放任学员按错误的技术动作游下去，以后纠正起来可能非常困难。

（五）案例：双下肢瘫残疾人爬泳技术（以残奥会冠军个案为例）

1. 双下肢瘫残疾人爬泳技术特点

双下肢瘫残疾人因为腿部不能产生动力，在游进过程中主要依靠躯干、头部和肩部的转动以及手臂划水产生动力从而向前游进（见图3.15）。

图3.15　爬泳完整配合

2. 双下肢瘫残疾人爬泳练习方法

（1）准备活动

主要进行肩关节活动，向前和向后肩关节绕环（见图3.16）。

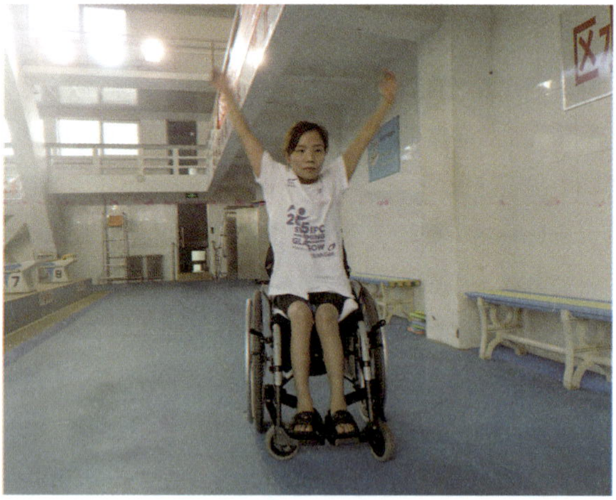

图3.16　肩关节绕环

（2）陆上爬泳技术模仿练习

进行陆上模仿练习可以增强技术动作的连贯性和协调性。

（3）水中爬泳技术分解练习（见图3.17）

双手前伸进行分解练习，左右手分别做一边两次的单臂爬泳划水练习。

图3.17 水中爬泳技术分解练习

（4）水感练习（见图3.18）

保持身体在水中，头露出水面，手臂进行小臂抓水的水感练习。

图3.18 水感练习

三、仰泳

仰泳是人体仰卧于水面，双臂交替划水和双腿交替打水配合游进的一种泳姿。仰泳的速度慢于爬泳，接近蝶泳，快于蛙泳。仰泳游进过程中学员可以不间断地呼吸，这有助于学员获得学习信心，尤其是对那些呼吸控制能力差的学员而言。这种泳姿非常适合身体机能较差的残疾学员。

（一）仰泳腿部技术动作

1. 仰泳腿部技术动作要求

（1）仰泳腿部技术动作分为上踢和下压。

（2）上踢时，大腿带动小腿屈膝向上，鞭状上踢。

（3）向下压时，膝关节和踝关节自然放松，大腿带动小腿下压。

（4）两腿交替进行上踢和下压的动作（见图3.19）。

图3.19　仰泳腿部技术

2. 仰泳腿部技术动作练习方法

（1）池边坐撑仰泳腿打水练习（见图3.20）

图3.20　池边坐撑仰泳腿打水练习

1）练习目的：在视觉帮助下，体会腿和脚打水的感觉。

2）练习要点：两腿伸直并拢，脚背绷直、身体略向后仰；膝关节放松，两腿交替上下快速打水；动作自然连贯。

3）练习提示：大腿以下的部分尽量置于水中，两腿伸直，脚尖朝前。

（2）仰卧池边仰泳腿打水练习

1）练习目的：在失去视觉帮助的条件下，依靠肌肉感觉掌握仰泳腿打水动作。

2）练习要点：仰卧于池边，两腿交替上下打水，不要抬头看腿和脚，靠身体感觉完成动作。

3）练习提示：大腿发力、直腿打水、水花不要太大。

（3）持板仰卧仰泳腿打水练习（见图3.21）

图3.21 持板仰卧仰泳腿打水练习

1）练习目的：改善身体姿势、体会腿打水产生的推进力。

2）练习要点：双手抱住打水板，腹部贴在打水板上，身体平直，做仰泳腿打水练习。

3）练习提示：尽量使身体保持水平，体会打水的推进力。

（4）流线型仰泳腿打水练习（见图3.22）

图3.22 流线型仰泳腿打水练习

1）练习目的：改善身体姿势，增强打水能力和耐力。

2）练习要点：双臂交叉前伸，头夹在双臂之间，身体重心上提，顶髋，保持流线型姿势；双腿用力上下交替做上踢和下压的打水动作；两脚背向身体的中轴线方向向上鞭状踢水，双脚不要踢出水面。

3）练习提示：重心上提、用力打水、保持身体平直。

（二）仰泳手臂技术动作

1. 仰泳手臂技术动作要点

仰泳手臂技术动作分为入水、划水、出水和空中移臂4个环节（见图3.23）。

图3.23 仰泳手臂技术

（1）入水

手臂入水时身体向同侧转动，入水点在头前、肩的延长线上，肘关节伸直，掌心朝外，小拇指先入水。

（2）划水

1）下划和抓水：手臂向外旋转，屈腕，使手掌对准水面，有压力感；逐渐屈肘，前臂内侧和手掌对准后方，手指朝外。

2）第一次向上划水：向下划水完成后，身体围绕纵轴继续转动，肘关节下降，高肘划水。

3）第二次向下划水：手划到S形划水路线的最上方时，开始第二次向下划水。

4）第二次向上划水：第二次向下划水后，转动手臂使掌心朝后上方，手臂向上、向后、向内划水，直至接近大腿，转入出水阶段。

（3）出水

划水完成后手臂开始旋转准备出水，掌心朝内，手臂伸直，身体向对侧转动，同时肩部先出水，带动大臂、小臂和手依次出水。出水时手臂放松，大拇指朝上有利于减少阻力，自然转动肩部和身体。

（4）空中移臂

手臂出水后迅速以直臂方式在空中移动，肩膀贴近耳部，移臂的过程中手臂外旋、掌心朝外，为下一次入水做准备。移臂的过程中，身体和肩部要以头为轴向上转动，让入水点尽可能远，从而提高划水效率；同时对侧肩部应下沉抱水。

2. 仰泳手臂技术练习方法

（1）陆上单臂仰泳划水模仿练习（见图3.24）

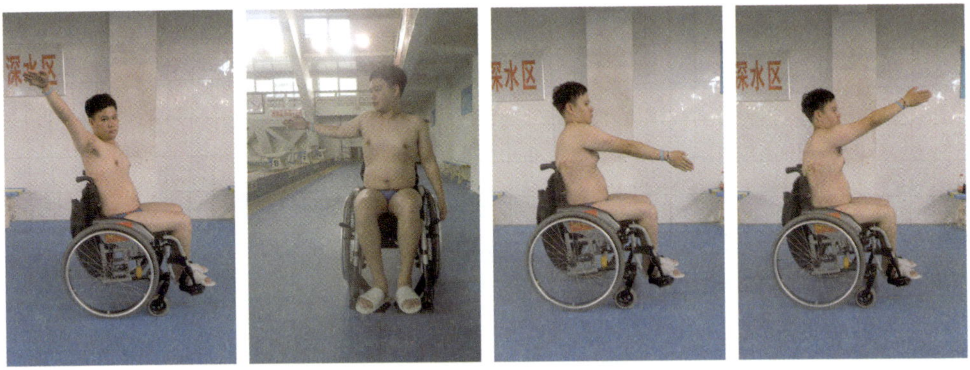

图3.24 陆上单臂仰泳划水模仿练习

1）练习目的：熟悉仰泳时手臂动作的划水路线。

2）练习要点：坐于轮椅或凳子上，用单臂模仿仰泳划水动作；做好入水、划水、出水、空中移臂转肩的动作，并注意规范划水路线；体会身体和肩部的转动与整个手臂动作的配合；两侧手臂交替轮换模仿。

3）练习提示：体会身体的转动。

（2）夹浮板仰泳划水动作练习（见图3.25）

图3.25 夹浮板仰泳划水动作练习

1）练习目的：体会仰泳时手臂的动作节奏。

2）练习要点：一侧手臂入水时在头前伸直停顿，在另一侧手臂快入水时，该侧手臂再向下划水，双臂在头前交叉。

3）练习提示：在水中要控制身体的转动幅度，保持身体平衡。

（三）仰泳完整配合技术动作

1. 仰泳完整配合技术动作要求

（1）以右侧手臂先开始为例，右臂入水时，右肩前耸，身体绕纵轴向右侧转动，头保持稳定。

（2）此时左手下划结束，左肩提起，准备出水。

（3）当右臂继续下划并抓水时，身体继续围绕纵轴转动，左臂出水快速移臂，右腿开始下压，左腿向上打水，使右臂抓水和左腿打水形成相互支撑。

（4）现代仰泳常采用6次打水、2次划水、1次呼吸的配合技术（即6：2：1配合）。

2. 仰泳完整配合技术动作练习方法

（1）单臂循环练习（见图3.26）

图3.26 单臂循环练习

1）练习目的：体会划水路线与节奏，掌握身体转动与打水的配合。

2）练习要点：一侧手臂前伸，另一侧手臂放在体侧，仰卧打水；用前伸的手臂连续进行划水和出水移臂；体会以头部为轴且保持稳定的肩部和身体转动；要求保持快速有力的打水；划水、转肩时不要停顿，连贯地完成动作。

3）练习提示：保持一肩露出水面，双腿快速有力地打水。

（2）完整配合练习（见图3.27）

1）练习目的：体会完整配合的仰泳，增强耐力。

2）练习要点：仰卧打水，左臂先做划水动作，右臂前伸；等待左臂做推水上提动作时，右臂开始划水；双臂基本处于相反位置；要求身体随着手臂的转动，以头为轴自然转动；打水、划水和呼吸要协调。

3）练习提示：随着动作的熟练，可延长练习距离。

图3.27 完整配合练习

（四）仰泳注意事项

（1）脊髓损伤的学员在仰泳时不应该做太多的身体转动，过多的身体转动会增强腿部阻力。如果不能稳定和控制身体转动，那么手臂的入水点必须比平常更远，以获得更少的身体转动。

（2）双臂仰泳可以帮助协调困难的学员加强平衡能力。头部可以在水面上，但为了获得更具流线型的身体位置，头部可以在水下进行几个手臂循环。当腿部踢腿力量较弱时，手臂可以获得更大的推进力。

（3）手臂和肩膀的灵活程度受限的学员，只用一侧手臂进行仰泳练习。伸展身体可以帮助学员克服这种限制。

（4）学习时要确保单腿截肢者的踢腿动作不超过身体中心线，因为这会导致不正确的踢腿方式，并导致其身体摇摆。这会给学员带来更大的腿部阻力和其他阻力。

（五）案例：双下肢瘫残疾人仰泳技术（以残奥会冠军个案为例）

1. 双下肢瘫残疾人仰泳技术特点

双臂仰泳划水技术：大部分双下肢瘫残疾人在进行仰泳时会采用单臂交替划水向前游进的技术，但残疾程度更重的残疾人会采用双臂同时划水向前游进的技术（见图3.28）。

双臂交替仰泳划水技术（见图3.29）：首先，双下肢瘫残疾人的腰部和髋部的力量不足或缺失会导致下肢没有推进力，游进时，身体会自然下沉，而单臂交替游进时会产生源源不断的推进力；其次，双下肢瘫残疾人在手臂入水时会受到身体关节柔韧度的限制，所以采用大拇指入水技术；最后，双下肢瘫残疾人在游进过程中通过改变身体重心，眼睛平视天花板或向后仰视，能使腿部浮在水面上。

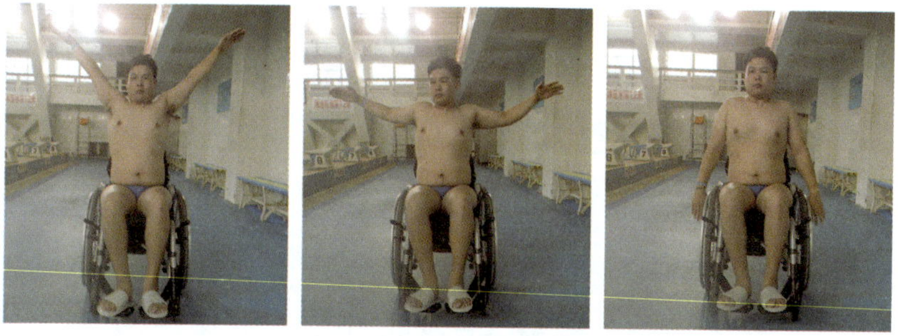

图3.28　双臂仰泳划水技术

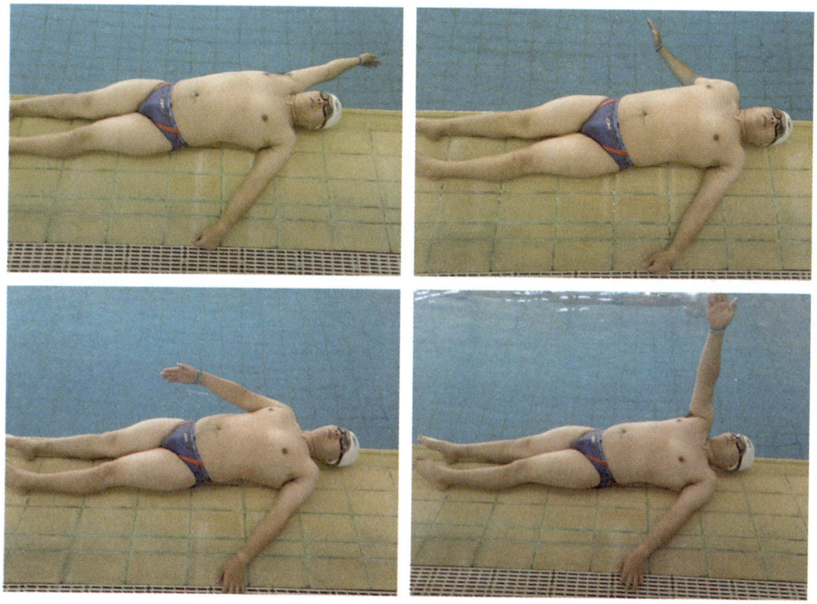

图3.29　双臂交替仰泳划水技术

（1）入水。一侧手臂入水，身体向同侧转动，手的入水点在头前。手臂应伸直，手掌朝内，大拇指先入水。

（2）划水。大拇指入水后旋转手掌，使掌心对水，同时直臂向身体下方划水至大腿处，转入出水阶段。

（3）出水。划水完成后手臂伸直准备出水，掌心朝内，身体向对侧转动，同时肩部先出水，带动上臂、前臂和手依次出水。出水时手臂放松，大拇指朝上以减少阻力，自然转动肩部和身体。

（4）空中移臂。手臂出水后迅速以直臂方式在空中移动，肩膀贴近耳部，移臂的过程中掌心朝内，为下一次入水做准备。移臂的过程中，身体和肩部要以头为轴向上转动拉远入水点，这样有利于提高划水效率；同时对侧肩部下沉抱水。

2. 双下肢瘫残疾人仰泳配合练习方法

练习单臂交替划水，在游进练习过程中尽可能地调动全身的肌肉力量，使腰部有足够的支撑，让身体尽可能地漂浮于水面（见图3.30）。

图3.30 仰泳配合练习方法

四、蛙泳

蛙泳（见图3.31）是一种模仿青蛙游泳动作的游泳姿势，也是最古老的一种泳姿。这种泳姿便于游泳者观察前方是否有障碍物，避免撞上障碍物。蛙泳较省力，易持久游进，是游泳者的初学项目之一。

图3.31 蛙泳

（一）蛙泳腿部技术动作

腿部技术是蛙泳技术的基础之一，快速地游进离不开正确的腿部技术动作。学习蛙泳应该从蛙泳腿部技术动作开始，学员熟练掌握了腿部技术动作后，才能顺利完成其他动作。因此，有经验的教练员在教授蛙泳时往往从蛙泳腿部技术动作教学入手。

1. 蛙泳腿部技术动作要点

蛙泳腿部动作可分为收腿、翻脚、蹬夹、滑行4个阶段（见图3.32）。

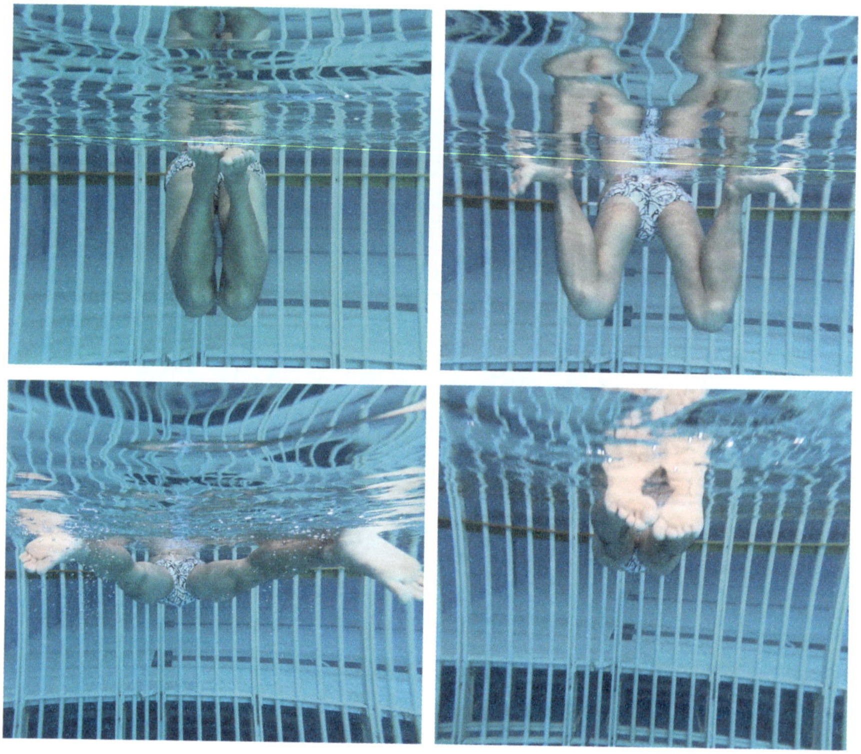

图3.32　蛙泳腿部技术

（1）收腿：大腿带动小腿，脚跟靠近臀部。

（2）翻脚：边收腿边分开，向外翻脚，同时勾脚。

（3）蹬夹：用脚心对准侧后方用力，逐渐加速，边蹬腿边夹腿。

（4）滑行：两腿并拢伸直放松，做停顿动作。

2. 蛙泳腿部技术动作练习方法

可先在陆上和半陆上练习蹬腿动作，熟练掌握动作后再到水中练习。

（1）陆上坐撑勾绷脚联动练习（见图3.33）

1）练习目的：明确勾绷脚的概念。

2）练习要点：坐在地上或池边，做勾绷脚联动练习，体会正确的动作；勾脚——双腿并拢且脚踝背屈；绷脚——双腿并拢且脚踝跖屈。

3）练习提示：明确勾脚和绷脚，避免动作混淆。

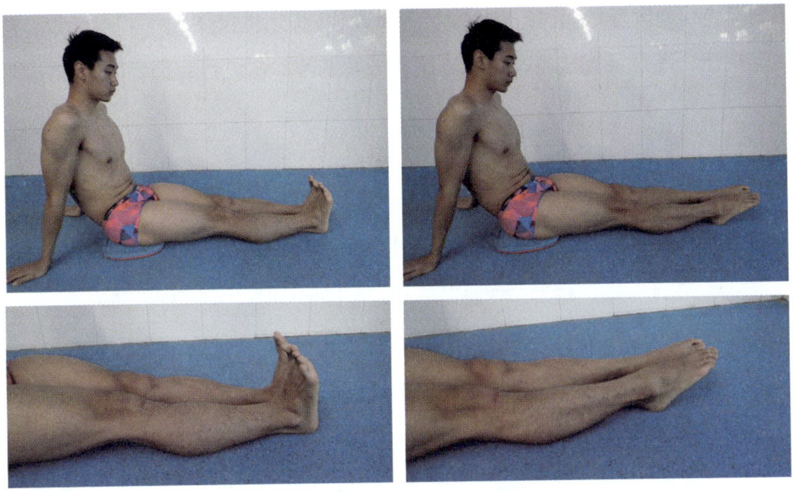

图3.33　陆上坐撑勾绷脚联动练习

（2）陆上俯卧蛙泳腿练习（见图3.34）

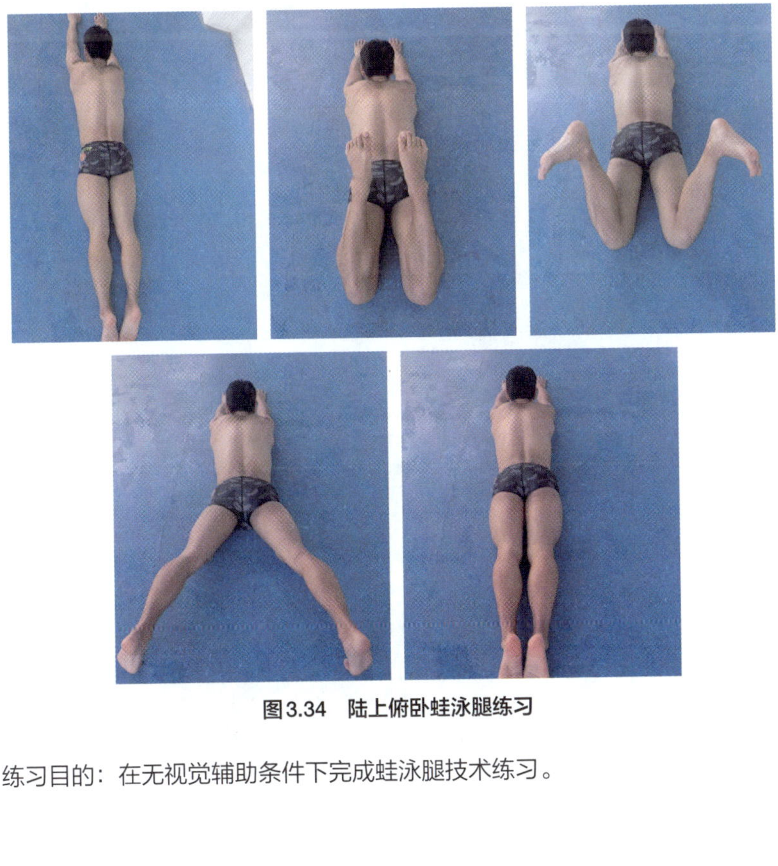

图3.34　陆上俯卧蛙泳腿练习

1）练习目的：在无视觉辅助条件下完成蛙泳腿技术练习。

2）练习要点：俯卧于地面进行蛙泳腿练习；收腿使脚跟贴近臀部；蹬夹后双腿并拢。

3）练习提示：注意翻脚技术，可以先进行分解练习，再进行完整练习，由慢到快地完成技术动作。

（3）半陆半水蛙泳腿模仿练习（见图3.35）

1）练习目的：体会半陆半水蛙泳腿及配合呼吸的练习。

2）练习要点：从在陆上转换到在泳池边进行半陆半水练习；收翻——屈膝收腿，两脚靠近臀部，然后向外翻并勾脚；蹬夹——张开腿用力向两侧踢出，边蹬边夹腿。

3）练习提示：在水中完成蛙泳蹬腿技术动作，脚对准水。

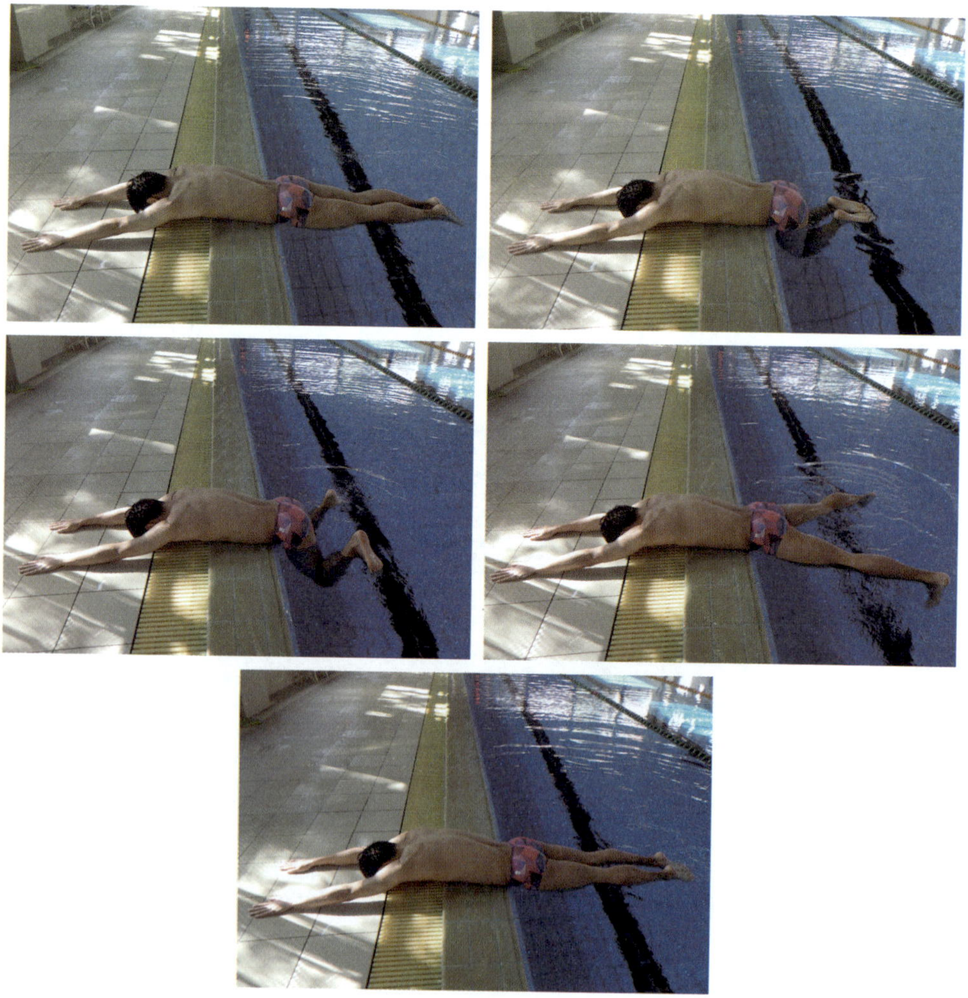

图3.35 半陆半水蛙泳腿模仿练习

（4）手扶池边蛙泳腿练习（见图3.36）

图3.36 手扶池边蛙泳腿练习

1）练习目的：在水中、双手有固定支撑的情况下练习蛙泳腿部技术。

2）练习要点：双臂前伸抓住池壁，双腿有节奏地做收腿、翻脚、蹬夹、漂停动作。

3）练习提示：完成动作时肩部要放松，不要过度紧张。

（5）手持浮板蛙泳腿练习（见图3.37）

1）练习要点：用浮板练习蛙泳腿，自主体验收腿与蹬腿的节奏，做到收腿时慢而放松，蹬夹时快而有力。

2）练习提示：双手前伸扶板做蛙泳腿练习。

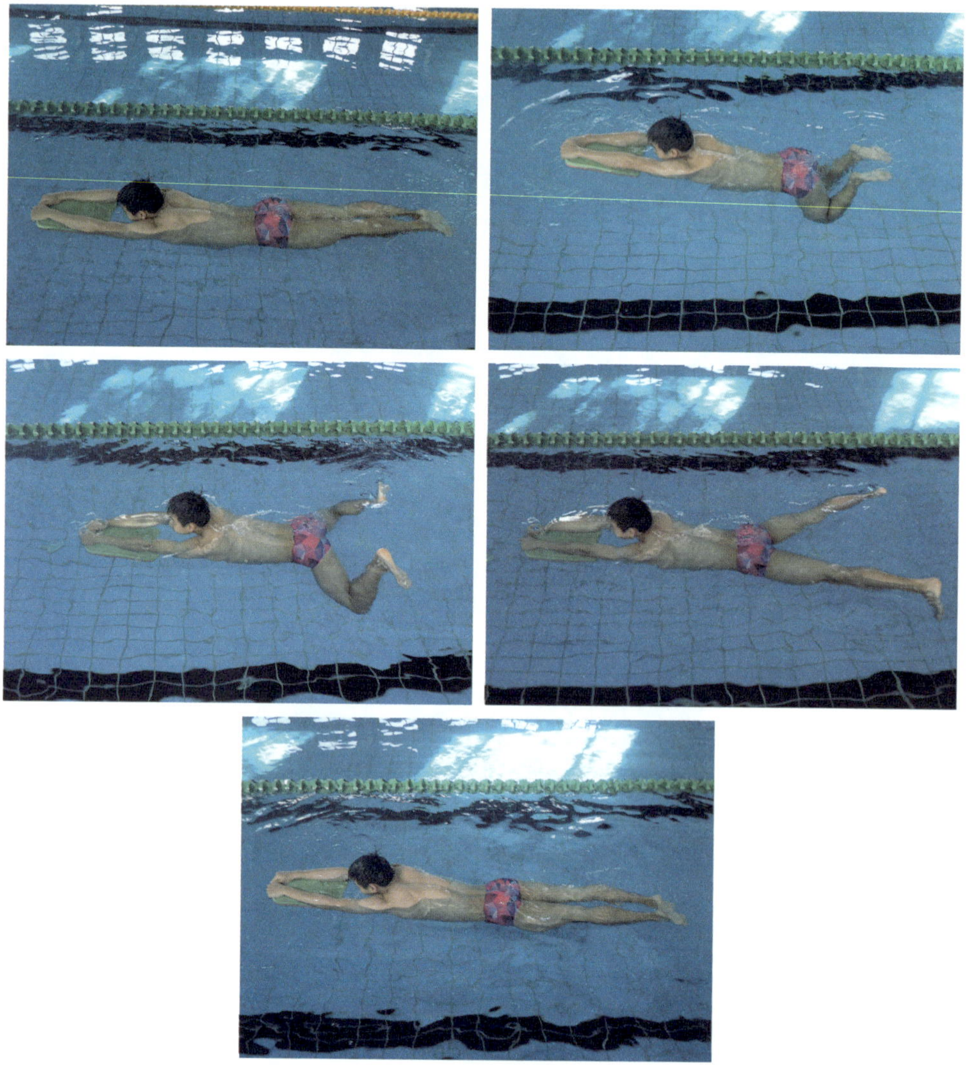

图3.37 手持浮板蛙泳腿练习

学员要记住蛙泳时腿部的动作要领。掌握蛙泳腿的运动路线和运动节奏对学会蛙泳很重要。

（二）蛙泳手臂技术动作

掌握蛙泳手臂技术动作的运动路线和节奏，形成陆上或半陆上模仿动作雏形，进而掌握蛙泳手臂划水的基本技术。

1. 蛙泳手臂技术动作要点

（1）双臂自然前伸，手指微微并拢。

（2）外划时屈腕压水，用手和小臂向后、向两侧、向下划水，手不过肘，肘不过肩。

（3）内划时要夹肘并收手合十。

（4）伸臂时两肘关节靠拢自然前伸，伸臂完成后要滑行。

2. 蛙泳手臂技术动作练习方法

（1）陆上蛙泳手臂模仿动作（见图3.38）

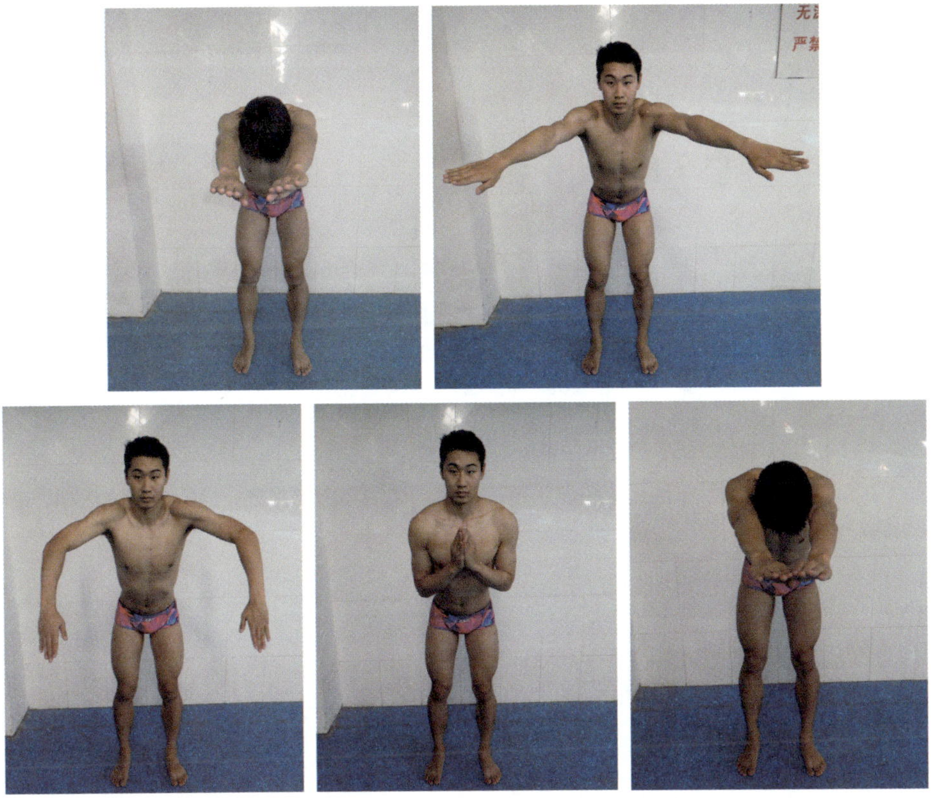

图3.38 陆上蛙泳手臂模仿动作

1）练习目的：陆上练习蛙泳手臂技术动作。

2）练习要点：站立，身体向前倾，双臂向前伸直，进行外划、内划和前伸的技术动作。注意完成蛙泳手臂动作的节奏。

3）练习提示：不遗漏蛙泳手臂技术动作的每一个要点。

（2）俯卧池边蛙泳手臂练习（见图3.39）

图3.39　俯卧池边蛙泳手臂练习

1）练习目的：体会在水中蛙泳手臂的划水技术，手对准水。

2）练习要点：俯卧于池边，头和手臂在水中，池边与腋窝平齐，进行外划、内划、前伸的动作练习。

3）练习提示：手臂外划时幅度不要过大，在水中抱水时，肘高手低。

（三）蛙泳手臂与呼吸配合技术动作

学习蛙泳手臂和呼吸配合的技术动作时，应重点掌握配合的时机、节奏，为学习蛙泳的完整配合动作打下基础。

1. 蛙泳手臂与呼吸技术动作要点

（1）外划时抬头换气。

（2）内划时低头稍憋气。

（3）前伸时吐气。

2. 蛙泳手臂与呼吸配合技术动作练习方法

（1）陆上蛙泳手臂与呼吸配合模仿动作（见图3.40）

1）练习目的：体会蛙泳手臂动作与呼吸的配合。

2）练习要点：身体前倾，双脚分开站立，双手向前伸直，分开手时抬头吸气，合拢手时憋气，双手前伸时吐气。

3）练习提示：注意手臂动作与呼吸的配合时机和节奏。

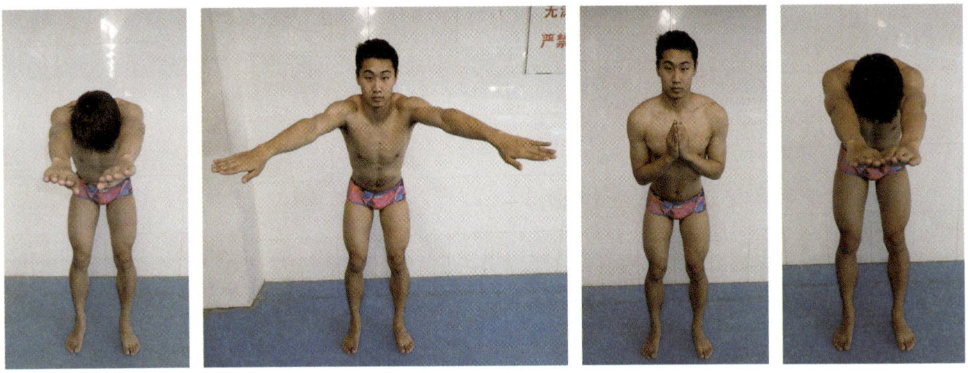

图3.40　陆上蛙泳手臂与呼吸配合模仿动作

（2）俯卧池边蛙泳手臂与呼吸配合练习（见图3.41）

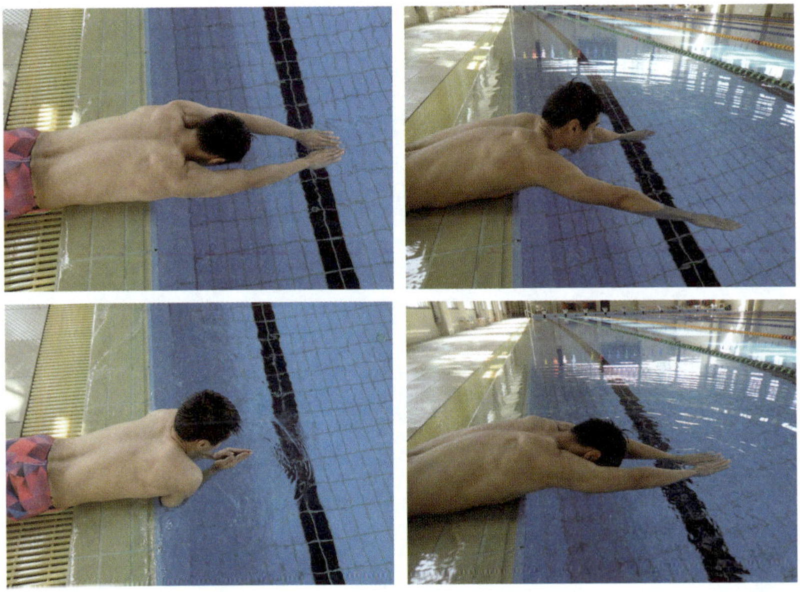

图3.41　俯卧池边蛙泳手臂与呼吸配合练习

1）练习目的：半陆半水体会蛙泳手臂动作与呼吸的配合。

2）练习要点：目视前方，保持眉毛与水面基本齐平；手掌向下压水时吐气；双臂向下、向两侧划水时利用划水的动力向上抬头吸气；夹肘抱水时保持吸气（保证吸到气）；低头前伸时头不要埋得太深，身体伸直滑行。

3）练习提示：手一分开就要抬头呼吸，避免换气过晚。

（四）蛙泳完整配合技术动作

1. 蛙泳完整配合技术动作要点

学习蛙泳的完整配合技术动作，掌握完整配合时蛙泳的正确动作和发力技巧。蛙泳分为划手、收手、收腿、伸手、蹬夹腿5个环节。

2. 蛙泳完整配合技术动作练习方法

（1）陆上无呼吸模仿配合练习（见图3.42）

图3.42　陆上无呼吸模仿配合练习

1）练习目的：在无呼吸、难度降低的情况下，完成完整配合练习。

2）练习要点：双腿并拢站立，双臂向上伸展，一条腿支撑，另一条腿与手臂配合，模仿蛙泳时手臂与腿的配合动作。

3）练习提示：注意动作配合节奏。

（2）单手扶池边蛙泳配合练习（见图3.43）

1）练习目的：在水中、有固定的情况下完成蛙泳配合练习。

2）练习要点：调整身体位置，等身体稳定后，一侧手扶池边，另一侧手臂做蛙泳划水动作，同时头和腿配合做完整蛙泳动作。

3）练习提示：在水中完成动作时，肩部尽可能放松，注意动作节奏。

图3.43　单手扶池边蛙泳配合练习

（3）推拉板蛙泳配合练习（见图3.44）

1）练习目的：在浮板的辅助下完成蛙泳配合练习。

2）练习要点：双手抓住打水板，全身伸直俯卧于水中；抬头吸气的时候肘关节弯曲，把打水板拉到胸前，收腿、翻脚；低头吐气时把打水板推出去，在肘关节即将前伸的时候蹬腿。

3）练习提示：注意推拉板的节奏。

图3.44 推拉板蛙泳配合练习

(4) 蛙泳完整配合练习(见图3.45)

1)练习目的:在水中、无支撑的情况下进行蛙泳完整配合练习。

2)练习要点:按照蛙泳完整配合口诀“划手腿不动,收手再收腿,先伸胳膊后蹬腿,并拢伸直漂一会”进行练习,掌握动作要领后(加上与呼吸的配合)可以逐渐加长游进距离。

3)练习提示:熟练动作要领,注意动作配合节奏。

图3.45 蛙泳完整配合练习

（五）蛙泳注意事项

教残疾学员学习蛙泳时，比较重要的是让学员找到适合自己的动作模式，这有助于不同残疾类型和有不同功能障碍的残疾学员发展对称的肢体运动。

（1）腿部受限或无法使用腿的学员可以在呼吸前做几个完整的蛙泳手臂循环练习，这有助于增强学员的推进力，减少腿部阻力。每次外划时，要确保学员的头部在划水后才露出水面，这有助于学员规范动作，防止参加游泳比赛时其因动作不规范被取消参赛资格。

（2）很少或根本不使用双腿的学员——有脑瘫、双瘫、四肢瘫痪或运动障碍——可能仅仅用蛙泳手臂动作完成蛙泳。这种状况下比较重要的是，教练员要让学员保持连续的向前移动的动作。加速手臂的循环有助于向前推进，但可能需要学员付出很多努力。

（3）有功能性和协调性障碍的学员可能觉得蛙泳腿部动作很难。教练员要根据学员的能力教授正确的划水动作，鼓励学员用腿运动，但是如果学员做蛙泳腿部运动会使疼痛变得明显，就要注意纠正其错误的腿部动作。

（4）有视力障碍的学员在学习蛙泳的初级阶段需要将头露出水面，因为这可以让学员获得更好的听觉提示，或者更有效地使用他们的剩余视力。

（5）确保单腿截肢者的蛙泳腿的蹬腿距离较短。蛙泳时的蹬腿动作更像是把脚向外推，这个动作将减少阻力，增强推进力。膝盖以下和以上的截肢者都可以进行蛙泳蹬腿动作，而且需要像腿还在一样蹬腿。掌握蹬腿练习技巧有助于学会这个动作。

（六）案例：双下肢瘫残疾人蛙泳技术（以残奥会冠军个案为例）

双下肢残疾者的蛙泳教学和健全人的教学存在明显差异。前者的腿部肌肉力量很弱，这会导致他们在水中无法做出蛙泳的蹬腿动作，所以在教学上有一定的区别。具体如表3.5所示。

表3.5 双下肢残疾者蛙泳教学与健全人蛙泳教学的区别

项目/类别	下肢残疾者	健全人
技术	无蛙泳腿部技术教学，注重教授蛙泳手臂和呼吸配合的动作	先进行蛙泳腿部技术教学，再与蛙泳手臂动作配合并衔接起来
方法	两步：先进行抬头的蛙泳划水；再加上呼吸动作配合	一步：直接进行蛙泳手臂和呼吸配合的学习

1. 双下肢瘫残疾人蛙泳手臂技术

（1）双下肢瘫残疾人蛙泳手臂技术动作要点

1）准备动作：双臂自然前伸，手指微微并拢。

2）外划：外划时屈腕压水，用手和小臂向后、向两侧、向下划水，手不过肘，肘不过肩。

3）内划：内划时要夹肘并收手合十，和健全人不同的是，夹肘动作并不是贴于胸前，而是在胸部前方，与胸部有一段距离。

4）前伸：伸臂时两肘关节靠拢并自然前伸，伸臂完成后要滑行。

（2）双下肢瘫残疾人蛙泳手臂技术动作练习方法

1）陆上蛙泳手臂模仿练习（见图3.46）

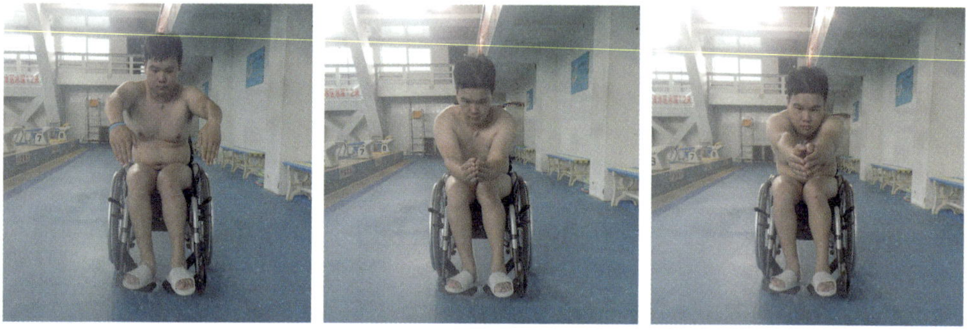

图3.46 陆上蛙泳手臂模仿练习

① 练习目的：陆上体会正确的蛙泳手臂技术动作。

② 练习要点：双臂自然前伸，手指微微并拢；向外划水，屈腕压水，用手和小臂向后向两侧向下划水，手不过肘，肘不过肩；向内划水，夹肘收手合十，和普通人不同的是，夹肘动作并不是贴于胸前，而是在胸部前方，距离胸部一段距离；伸臂时两肘关节靠拢，自然前伸，伸臂完成后要滑行。

③ 练习提示：注意夹肘动作的完成。

2）俯卧池边蛙泳手臂技术动作练习（见图3.47）

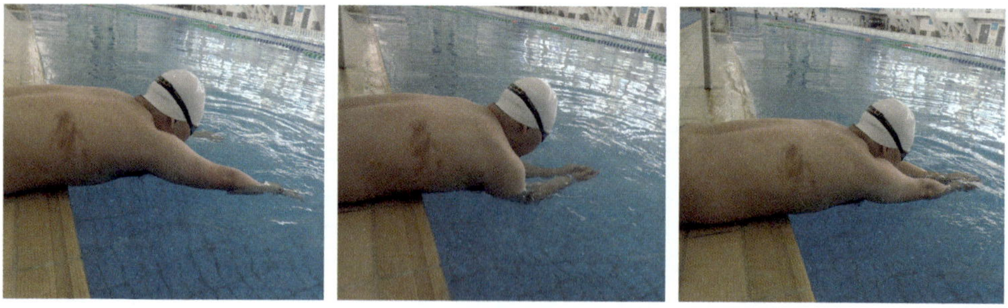

图3.47 俯卧池边蛙泳手臂技术动作练习

① 练习目的：半陆半水体会蛙泳手臂技术动作。

② 练习要点：俯卧于池边，头和双臂在水中，池边与腋窝平齐，进行外划、内划、前伸的练习。

③ 练习提示：注意夹肘动作的完成。

2. 双下肢瘫残疾人蛙泳手臂与呼吸配合技术

双下肢瘫残疾人蛙泳手臂与呼吸配合技术动作要点（见图3.48）。

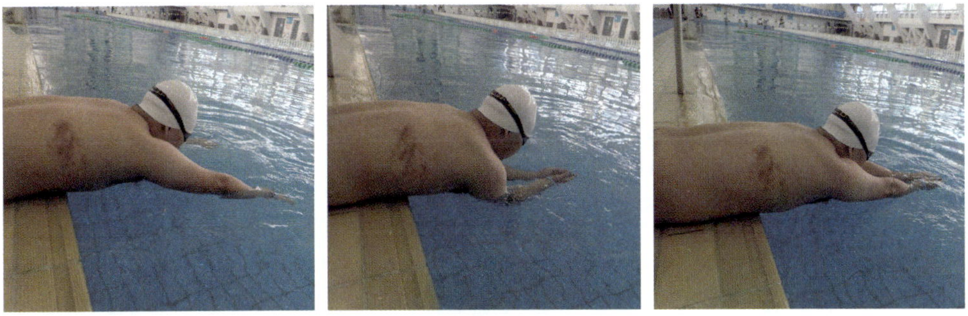

图3.48 蛙泳手臂与呼吸配合技术

1）外划时抬头换气。

2）内划时低头憋气。

3）前伸时吐气。

3. 双下肢瘫残疾人蛙泳完整配合技术

（1）双下肢瘫残疾人蛙泳完整配合技术动作要点（见图3.49）

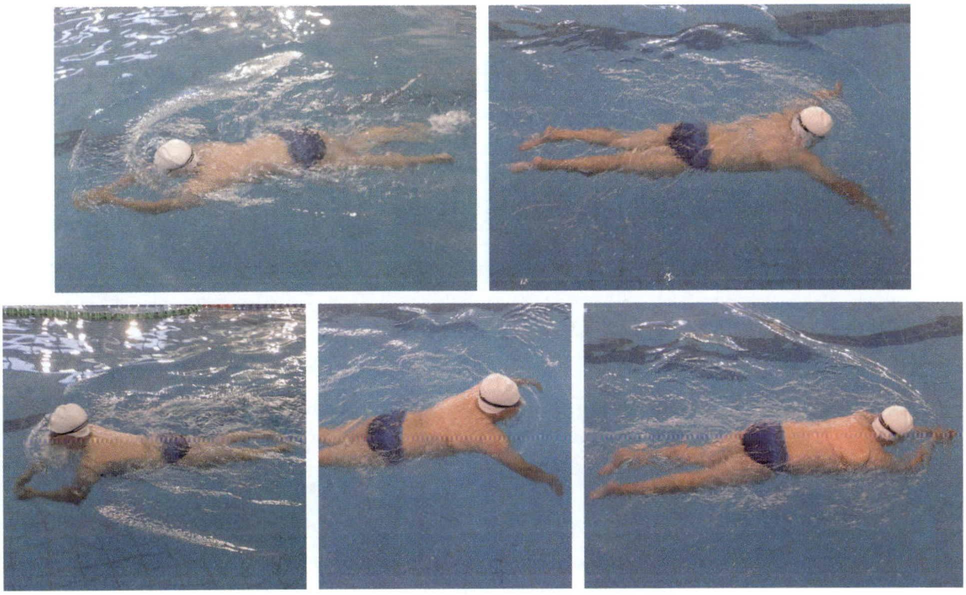

图3.49 蛙泳完整配合技术

双下肢瘫残疾人学习蛙泳的完整配合技术动作时，应掌握蛙泳完整配合的正确顺序和发力技巧。因为双下肢瘫残疾人的腿部没有动力，不能产生推进力，只有手部和躯干可以产生推进力，因此要注意手部和腰部的配合衔接。

1）外划时向上挺臀部和腰部。

2）内划时保持腰腹收紧。

3）前伸时双手碰下颚，并保持头部在水面上。

（2）双下肢瘫残疾人蛙泳完整配合技术动作练习方法

1）陆上无呼吸蛙泳完整配合技术模仿练习（见图3.50）。

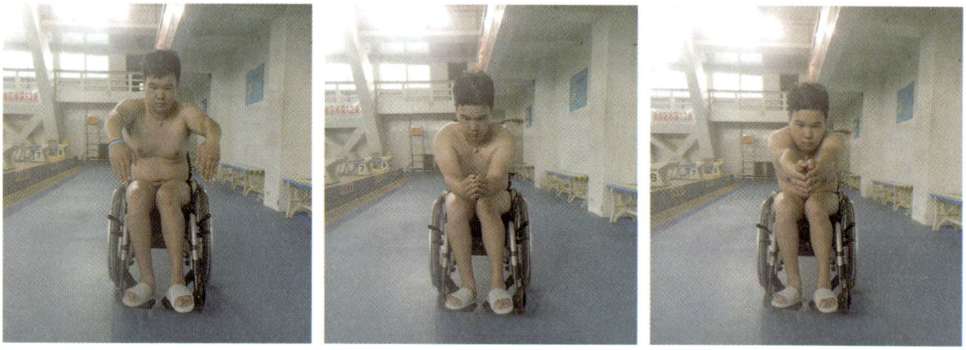

图3.50　陆上无呼吸蛙泳完整配合技术模仿练习

① 练习目的：练习蛙泳完整配合技术。

② 练习要点：坐在任意位置，双手向前伸直，并依次做外划、内划、前伸的动作，最好是在一面镜子前，依靠视觉辅助完成技术动作模仿。

③ 练习提示：掌握动作节奏，注意技术动作。

2）手臂在水中加呼吸蛙泳模仿练习（见图3.51）。

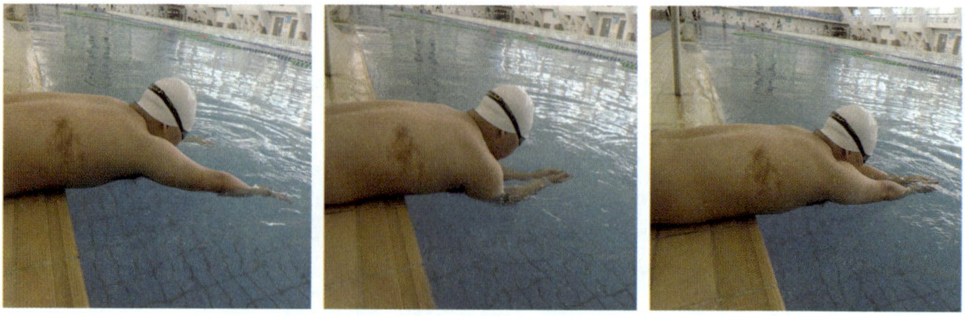

图3.51　手臂在水中加呼吸蛙泳模仿练习

① 练习目的：体会在呼吸配合下的蛙泳技术。

② 练习要点：俯卧于池边，腿放在池边，头和双臂放在水中，练习蛙泳手臂与呼吸配合的技术动作。

③ 练习提示：在呼吸配合下完成蛙泳技术动作。

五、蝶泳

蝶泳的手臂动作似蝴蝶飞舞，因此这种泳姿被称为“蝶泳”（见图3.52）。进行蝶泳时，躯干及下肢的动作似海豚逐浪，所以蝶泳也被称为海豚泳。蝶泳是较难掌握的一种泳姿。在残疾人游泳技术教学中，蝶泳技术尤其难掌握，需要进行长时间的专门练习。

图3.52 蝶泳

（一）蝶泳腿部技术动作

1. 蝶泳腿部技术动作要点

蝶泳的打水动作由躯干发力，通过动量传递，经髋、膝、踝关节与躯干动作协调配合完成，蝶泳打水时双腿应自然并拢，双脚稍内扣，双腿的动作要同时完成。蝶泳的腿部技术动作由向上打水和向下打水两部分组成，优秀的运动员在这两个阶段都能够产生推进力。

2. 蝶泳腿部技术动作练习方法

（1）陆上站立蝶泳腿模仿练习（见图3.53）

1）练习目的：体会蝶泳时身体躯干部分的波浪动作和鞭状打水动作。

2）练习要点：双手下垂站立，根据口令（挺肚子、塌腰撅臀、屈膝、伸膝）进行练习；先分解做，再连续做。

3）体会蝶泳由躯干发力的动作技术要点。

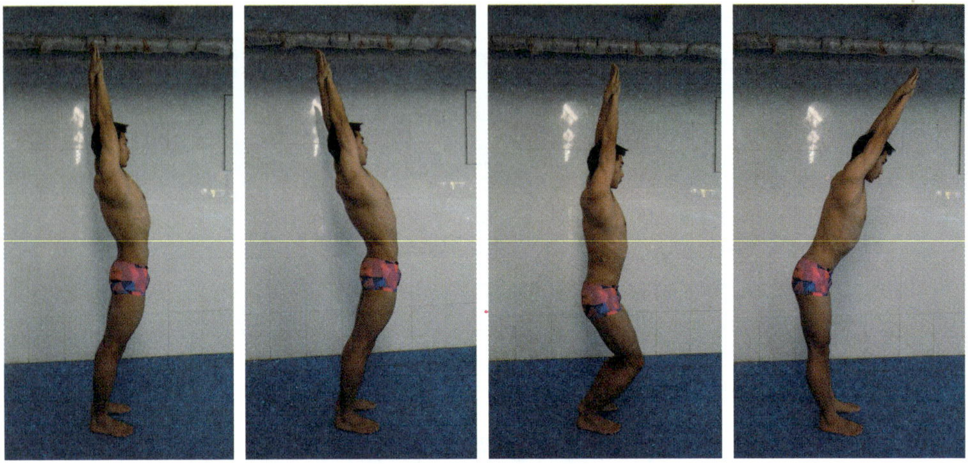

图3.53 陆上站立蝶泳腿模仿练习

（2）水中直立蝶泳腿模仿练习（见图3.54）

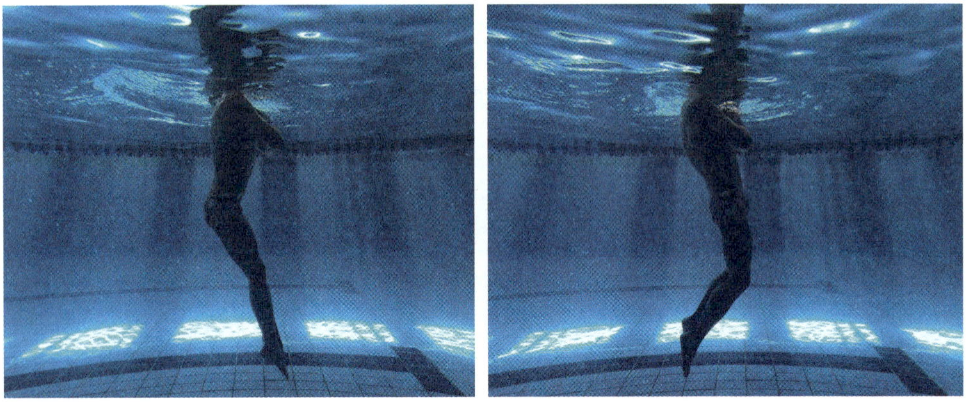

图3.54 水中直立蝶泳腿模仿练习

1）练习目的：在双脚不发力的情况下，体会躯干的波浪动作和双腿、双脚的鞭状发力动作。

2）练习要点：双手抱于胸口，使身体直立，做蝶泳腿的练习。

3）感受蝶泳腿鞭状发力的感觉。

（3）扶板蝶泳腿打水练习（见图3.55）

1）练习目的：练习蝶泳的躯干波浪动作，提高身体控制能力。

2）练习要点：手持浮板漂浮在水中，身体呈伸展状；从腹部开始向下打水，然后膝部和脚依次向上打水，像海豚逐浪一样呈鞭状打水；手臂和头尽量前伸，不要跟随身体上下摆动。

3）练习提示：体会在水中、无固定支撑的情况下，蝶泳的躯干波浪动作。

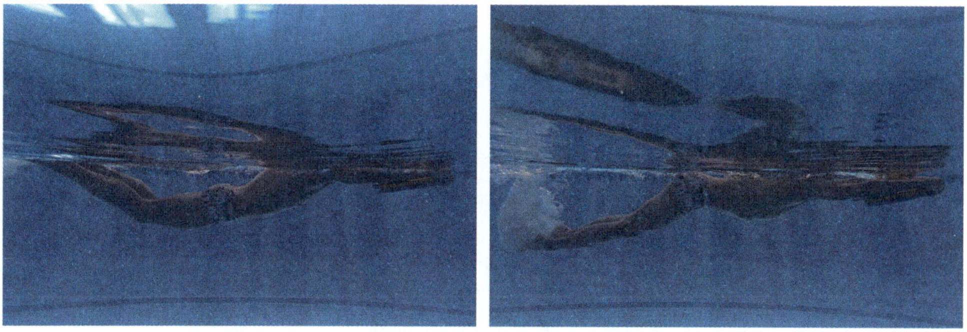

图3.55 扶板蝶泳腿打水练习

（二）蝶泳手臂技术动作

1. 蝶泳手臂技术动作要点

蝶泳的划水路线略短，双手划到腹部下方时向外、向后、向上划水。蝶泳的移臂动作呈低平、放松的特点。

（1）入水（见图3.56）

图3.56 入水

1）双手的入水点的距离基本与肩同宽。

2）手掌略向外侧切入水，手与水面的距离尽量短。

（2）水下划水

1）外划：外划开始时，双手向外、向下移动，划至肩线外侧，在接近抓水位置时，手臂应该逐渐弯曲，使手臂朝向后方（见图3.57）。

图3.57 外划动作

2）内划：当抓水动作形成后，加速向下、向内进行划水，划水路线近似于一个大半圆，当双手划到与身体下方非常接近时结束内划（见图3.58）。

图3.58 内划动作

3）上划：当双手之间的距离达到最小时，手臂从原来的向内、向上、向后转为向外、向上、向后划水（见图3.59）。

图3.59 上划动作

（3）出水和空中移臂（见图3.60）

图3.60　出水和空中移臂动作

当双手划至接近大腿时，手臂开始进行移臂动作，出水方向与上划方向一致，小拇指先出水，头与肩部保持在一条直线上。

2. 蝶泳手臂技术动作练习方法

（1）陆上蝶泳手划水模仿动作练习（见图3.61）

图3.61　陆上蝶泳手划水模仿动作练习

1）练习目的：初步熟悉蝶泳的划水动作，掌握其技术概念。

2）练习要点：站立，腰部前屈，双臂同时做蝶泳划水模仿动作；掌握要领后加上与呼吸的配合。

3）练习提示：注意双臂同时向前移动。

（2）夹板蝶泳手划水练习

1）练习目的：体会通过划水使自己前进的感觉。

2）练习要点：把打水板紧紧夹在膝关节处并以蝶泳手臂技术动作划水。

3）练习提示：用夹板控制身体平衡，体会手臂技术动作。

（三）蝶泳完整配合技术动作

1. 蝶泳完整配合技术动作要点

蝶泳时躯干的波浪动作要求完整配合精细、准确，而且其动作特征要求游泳者有较强的肩背部、腰腹部力量和良好的柔韧性。蝶泳的完整配合技术动作主要有两方面：第一，蝶泳手臂划水与呼吸的配合；第二，蝶泳手臂划水与腿部动作的配合。

臂、腿及呼吸配合的技术动作要点如下（见图3.62）。

1）臂、腿及呼吸的配合方式是每划水1次，打水2次，呼吸1次。

2）手入水时第一次下打，抱水结束迅速上打，向上划水时第二次下打，之后迅速上打。

3）臂、腿的配合要协调。

4）臂、腿的配合有不同的方式，有的第一次打水力量小，第二次打水力量大；有的正好相反；还有的两次打水力量均匀。一般专业运动员第二次打水的力量更大，速度也更快。

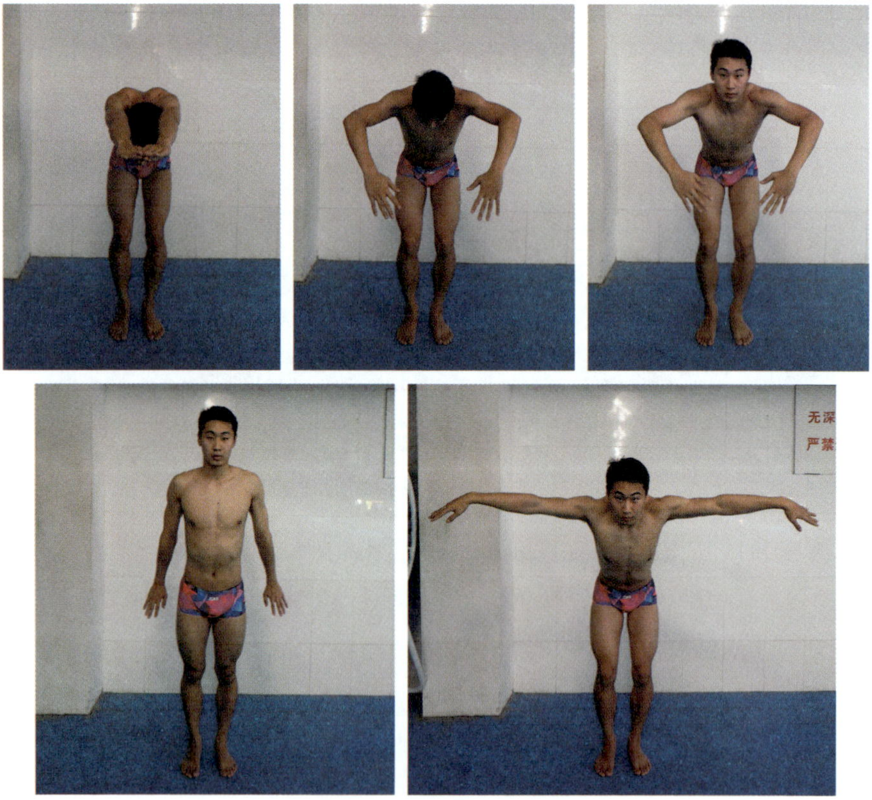

图3.62　蝶泳完整配合技术

2. 蝶泳完整配合技术动作练习方法

（1）陆上蝶泳完整配合模仿练习

1）练习目的：初步掌握蝶泳臂、腿及呼吸配合的节奏，为水中练习打好基础。

2）练习要点：按入水、打水、低头，手向上推水、打水、抬头换气的顺序练习。

3）练习提示：熟练陆上的完整配合技术动作节奏。

（2）水中单臂蝶泳分解练习

1）练习目的：掌握臂与腿的配合时机，体会配合节奏。

2）练习要点：按划水1次、打水2次、呼吸1次的节奏练习。

3）练习提示：完整配合前可先进行单臂的交替练习，逐步在水中掌握动作节奏。

（3）蝶泳完整配合技术动作练习

1）练习目的：体会完整配合技术动作，增强耐力。

2）练习要点：按照每划水1次、打水2次、吸气1次的节奏进行蝶泳完整配合技术动作练习。

3）练习提示：掌握蝶泳完整配合节奏，逐步增长游进距离。

（四）蝶泳注意事项

（1）当残疾学员没有腿部运动能力，如脊髓损伤时，让其在蝶泳时学会头部控制是非常重要的，这可以帮助其稳定和平衡身体。

（2）在学员没有腿部运动能力的情况下，让其采用蝶式侧边呼吸而不是前侧呼吸可以帮助其形成良好的呼吸模式。如果能在一侧采用一种呼吸模式，学员可能更容易呼吸。

（3）一个肩膀活动能力和协调能力有限的学员可能会觉得蝶泳太难了，那么教练员可以尝试用单臂蝶泳技术动作来修改划水动作以适应其身体状况。

（4）脊髓损伤的学员可能缺乏海豚式打水的能力。

六、出发

（一）水中扶池边出发（见图3.63）

（1）一手扶池边，一手在水面上前伸。

（2）在靠近池边的手臂借助腰背部力量向前摆动的同时，蹬离池壁。

（3）身体保持流线型，衔接接下来的技术动作。

（二）水中扶池边蛙泳出发

（1）一手扶池边，一手在水面上前伸。

（2）在靠近池边的手臂借助腰背部力量向前摆动的同时，蹬离池壁。

图3.63 水中扶池边出发

（3）身体保持流线型，衔接蛙泳手臂长划水动作。

（4）双臂由上向下划水至向后推水，然后衔接蛙泳技术动作。

（三）仰泳出发（见图3.64）

图3.64 仰泳出发

（1）双手握仰泳出发器，听到哨声时手臂拉紧出发器。

（2）听到出发信号后，双手同时向后展开，夹紧双臂。

（3）流线型入水，衔接仰泳技术动作。

（4）入水后身体依然保持流线型。

（四）出发注意事项（规则）

（1）对于视障运动员，允许其在总裁判吹响长哨声之后、发令员发出“各就位”口令之前，确定自己的方位。

（2）对于存在平衡问题（如无法静止站立）的运动员，允许一名辅助人员协助运动员在出发台上保持平衡（如扶住运动员的臀、手、臂等）。辅助人员可以帮助运动员在出发时保持静止，但不得使运动员的身体位置超出出发台的垂直面（90度）而非法获利，且不允许在运动员出发时为其提供任何动力。

（3）只拥有一只全功能腿的运动员，只要有一只手或手臂的一部分置于出发台前端即可，其脚部可以不放置于出发台的前端。

（4）允许运动员在出发台旁出发。

（5）允许运动员在出发台上以坐姿出发。

（6）运动员可以在水中出发，但在出发信号发出前，必须有一只手触及出发端的池壁。不得蹬踏在水槽里、水槽上或站在池底出发。

（7）对于S/SB/SM1-3运动员，允许辅助人员扶住他们的脚部或肢体末端并靠置于出发端的池壁上，但出发时不允许给运动员提供任何动力。

（8）在水中出发时，如果运动员无法抓握池端，可以借助辅助人员或辅助器械完成出发动作。器械的安全性必须在赛前经国际残奥委会游泳项目委员会的人员检查认可。出发时不允许辅助人员或辅助器械给运动员提供任何动力。出发信号发出前运动员身体的某一部分必须触及池壁。

（9）为了避免皮肤磨损，允许在出发台上放置一层毛巾或类似物品。

（10）仰泳项目、75米和150米个人混合泳项目与混合泳接力项目须在水中出发。

（11）如果S1-10/SB1-9/SM1-10和S/SB/SM14的运动员具有听力障碍，而比赛场地又不具备出发信号灯装置时，允许辅助人员在运动员出发时给予非语言提示。

（12）如果视障运动员同时具有听力障碍，允许辅助人员在其出发时给予非语言提示。

七、转身

转身是游泳比赛的重要组成部分。在游泳训练和比赛中，游进距离越长，转身次数就越多。转身动作的快慢对比赛的最终成绩有至关重要的影响，比赛距离越长，转身就越重要。在短池比赛中，50米项目不需要转身；在长池比赛中，任何项目都需要转身。

（一）爬泳转身

1. 爬泳滚翻转身

根据竞赛规则，爬泳转身和到边时运动员可以用身体的任何部位接触池壁，在比赛中运动员基本都采用滚翻转身技术，用脚触壁，从而加快速度并节省时间。

滚翻转身技术分为以下5个环节：游近池壁、滚翻转身、蹬离池壁、滑行出水、起游。

（1）游近池壁（见图3.65）

以爬泳姿势游近池壁，在接近池壁时，以有力的划水动作结束游进，为转身做好准备。

图3.65　游近池壁

（2）滚翻转身（见图3.66）

图3.66　滚翻转身

低头、团身、双腿并拢，利用划水所获得的速度，用力向下打水，此时掌心朝下；随着头部继续向下，双手向下方拨水，提臀收腹，身体向前翻滚；当臀部越过头部时，左手向头部方向拨水，使身体绕纵轴转动，双脚甩向池壁，身体呈侧卧或仰卧姿势完成转身。在翻滚过程中要用鼻子呼气，以免呛水。

（3）蹬离池壁（见图3.67）

爬泳转身后，身体以侧卧姿势准备蹬离池壁，然后转为俯卧姿势，身体保持较好的流线型。

图3.67 蹬离池壁

（4）滑行出水与起游（见图3.68）

蹬离池壁后，会有一个滑行的过程，在滑行时身体绕纵轴向俯卧方向转动，衔接爬泳技术动作。

图3.68 滑行出水与起游

2. 爬泳摆动式转身

（1）游近池壁（见图3.69）

以爬泳姿势游近池壁，在接近池壁时，以有力的划水动作结束游进，为转身做好准备。单手有力触壁，使身体获得较大的转动动量。

图3.69 游近池壁

（2）摆动式转身（见图3.70）

手触碰到池壁时，用力将上体推离池壁，手臂、头和上体一起向与池壁相反的方向摆动；当上体摆动入水时，两手会合，同时双脚触碰到池壁，此时躯干没入水中，身体呈侧卧姿势。

图3.70 摆动式转身

（3）蹬离池壁（见图3.71）

爬泳摆动式转身后，身体以侧卧姿势准备蹬离池壁，身体保持较好的流线型。

图3.71 蹬离池壁

（4）滑行出水与起游（见图3.72）

蹬离池壁后，会有一个滑行的过程，在滑行时身体绕纵轴向俯卧方向转动，衔接爬泳技术动作。

图3.72 滑行出水与起游

（二）仰泳转身

1. 仰泳滚翻转身

根据竞赛规则，仰泳转身时可用身体的任何部位触壁。为加快转身速度，运动员在比赛中几乎都采用滚翻转身技术。

（1）游近池壁（见图3.73）

运动员根据仰泳转身标志线判断距离，然后通过数动作次数确定转身的时间。

图3.73 游近池壁

（2）转成俯卧姿势（见图3.74）

运动员游近池壁时，身体从仰卧姿势转成俯卧姿势。

图3.74 转成俯卧姿势

（3）滚翻转身（见图3.75）

低头、含胸绕横轴做前滚翻动作使身体成侧仰卧姿势，动作要连贯。

图3.75 滚翻转身

（4）蹬离池壁、滑行和起游

当身体仰卧蹬离池壁时，手臂伸展，开始滑行，滑行中身体从头到脚要保持流线型（见图3.76）。身体一旦升到水面位置，应立即达到正常比赛的频率。

图3.76　滑行和起游

2. 仰泳摆动式转身

（1）游近池壁（见图3.77）

运动员根据仰泳转身标志线判断距离，然后通过数动作次数确定转身的时间。以仰泳姿势游近池壁，在接近池壁时，以有力的划水动作结束游进，为转身做好准备。单手有力触壁，使身体获得较大的转动动量。

图3.77　游近池壁

（2）摆动式转身（见图3.78）

手触碰到池壁时，用力将上体推离池壁，手臂、头和上体一起向与池壁相反的方向摆动；当上体摆动入水时，双手会合，同时双脚触碰到池壁，此时躯干没入水中，身体呈侧卧姿势。

图3.78　摆动式转身

（3）蹬离池壁（见图3.79）

完成摆动式转身后，身体以侧卧姿势蹬离池壁，身体保持较好的流线型。

图3.79　蹬离池壁

（4）滑行出水与起游（见图3.80）

蹬离池壁后，会有一个滑行的过程，在滑行时身体绕纵轴向仰卧方向转动，衔接仰泳技术动作。

图3.80　滑行出水与起游

（三）蝶泳和蛙泳转身

蛙泳和蝶泳运动员均常采用摆动式转身，下面以蛙泳为例进行介绍。根据竞赛规则，在每次蛙泳转身后，运动员可以在水下做一次手臂长划水动作，借此获得更大的推进力。

（1）游近池壁和触壁（见图3.81）

游近池壁时，应注意观察距离，根据自己与池壁的距离和自己的划频特点对动作进行调整，尽可能地在移臂时触壁，以免再多做半个动作。游近池壁时不要减速，快速积极地完成最后一次划水后用手有力触壁，使身体获得较大的转动动量。

图3.81　游近池壁和触壁

（2）摆动式转身（见图3.82）

当手触碰到池壁时，在向前的惯性作用下，手臂会略弯曲，身体贴近池壁，头露出水面；然后用力将上体推离池壁，手臂、头和上体一起向与池壁相反的方向摆动；当上体摆动入水时，双手会合，同时双脚触碰到池壁，此时躯干没入水中，身体呈侧卧姿势。

图3.82　摆动式转身

（3）蹬离池壁、滑行和出水

双脚触壁后，身体伸展，呈流线型侧卧蹬出。蛙泳转身蹬离池壁后边滑行边转为俯卧姿势（见图3.83），当滑行速度接近游泳速度时，开始做水下手臂长划动作。

图3.83　滑行转为俯卧姿势

第二节　不同残疾人的身心特点与游泳教学特点

一、不同残疾人的身心特点和沟通技巧

残疾人在生理或心理上存在或轻或重的残缺，这使他们在认知、情感、行为等方面与健全人有着或多或少的差异。因此，在与他们沟通交流时，既要遵守适用于健全人的原则与策略，也有需要特别注意的内容和技巧。既要用平常心态和平等态度与他们交往，这是人与人交往的前提；也要对他们多一分理解、关心和耐心。正确、恰当地与残疾人进行有效沟通，是一个现实而重要的问题。

（一）与残疾人沟通交往的基本要求

指导教练员需要经常与残疾人学员进行沟通交往，无论是在教学训练中，还是在课后生活中，都可能会面对各种残疾类型和程度的残疾人。为了更好地与他们沟通交往，需要了解并掌握一些基本原则和一般礼仪，这适用于所有类型的残疾人。

1. 基本原则

（1）平等。对残疾人而言，把他们当成健全人平等地对待，是对他们最大的尊重。既不轻视、嘲弄，也不过分同情甚至怜悯。表现在态度上就是要平和自然，无论是面对他们残缺的身体（特别是肢残人、脑瘫者），还是面对其使用的器械工具（假肢、轮椅等），都要避免流露出惊讶、害怕、好奇或怜悯的神情。要始终牢记一点：残疾人和健全人一样具有平等的生命与价值！只有具备平等的观点，才能在态度和行为上真正做到尊重与自然。

（2）尊重。对残疾人的尊重主要表现在以下几点。第一，称谓尊重。在称呼上要使用规范语言，如“残疾人”“听障人（聋人）”“视障人（盲人）”“肢残人”“智障人”“脑瘫者”，而不能使用“残废人”（残疾人是残而不废的）。绝对禁止使用“瘸子”“哑巴”“聋子”“瞎子”“拐子”“瘫子”“傻子”等带有侮辱歧视色彩的语言。不要用“正常人”“普通人”“健全人”等词语称呼健全人，一般使用“健全人”一词与残疾人相对应。第二，态度尊重。残疾人通常比较敏感，因此，在帮助他们时要表现得真诚和自然，而非刻意热情。最好在帮助之前先征得他们的同意，当他们表示不需要帮忙时，尊重他们的想法，不要强行或贸然相助。第三，隐私尊重。在与残疾人交谈时，在话题上要淡化残疾色彩，不要询问其残疾的原因和残疾的状况，避免涉及他们的隐私和伤痛。第四，行为尊重。在与残疾人的交往中，绝对不能故意模仿他们说话和动作。指导教练员在教学训练中，尽量避免模仿残疾学员游泳时的错误动作。绝对不要出于好奇心使用残疾人的器械工具，如试坐轮椅、摆弄假肢、使用拐杖等。

（3）理解。健全人由于不具备残疾人存在的身体局限，很多时候难以理解其行动困境和内心感受。因此，指导教练员要尽量具备同理心，多从残疾人的视角去理解他们的认知、心理和行为。很多对健全人而言十分轻松的行为或动作，放在残疾人那里往往困难重重，这就要求指导教练员更加细致地观察和耐心陪伴他们。

（4）专业。指导教练员要具备残疾人相关的基本知识。例如，初次见面时，能快速准确地识别其残疾类别和等级，能够根据其残疾的部位和程度确定教学中应实施帮助的部位和力度；可以学习掌握简单的盲文和手语，方便与视障或听障学员进行有效沟通。

2. 一般礼仪

（1）面对各类残疾人要“一看、二问、三听、四助”，体现在礼仪方面包括：倾听要求，征得意见，适度帮助，语言尊重。

（2）不要将目光停留在他们的残疾部位。如果事先不知道，无意中看到了其肢残部位，要赶快转移目光，不要紧盯不放，更不能流露出害怕、吃惊、好奇或同情的神情。

（3）交谈时使用敬语，尽量避免使用祈使句。如“我是否可以……”“能否请您……”“您是否可以……”等。

（4）残疾人通常比较敏感而自卑，对外界的评价和态度尤其在意。指导教练员在教学训练中态度要更加耐心、温和，多使用鼓励和表扬的话语，尽量避免批评与指责，绝对不能当众责骂和讥讽残疾学员。

（二）肢残人的身心特点及与其沟通的技巧

1. 肢残人的身心特点

肢残人由于肢体残缺而遭受诸多痛苦，如疼痛、活动受限、体形与众不同、生活上有诸多不便等，因而，他们的心理极易受到伤害。其心理特征主要表现在以下几个方面。

（1）依赖感。由于肢体上的残疾，他们的日常生活和行动常常需要依靠他人，甚至吃饭、穿衣、上厕所这类基本日常活动都要在别人的帮助下才能完成。尽管他们内心渴望独立，但现实却常常使他们必须依靠他人。因此，肢残人的内心存在渴望独立但又必须依赖他人的矛盾性。

（2）孤独感。肢残人由于在行动上需要依赖他人的帮助，活动范围受限，难以参与健全人群的活动，所能涉及的活动领域及由此积累的经验也随之受限。因而，他们很容易产生由物理空间上与他人疏离而造成的孤独感，以及由物理空间上的孤独而形成的心理层面的孤独感。

（3）自卑感。由于身体上的残疾带来的生活行动方面的困难，很多对健全人来说是举手之劳的事情，肢残人却无法完成，这会给他们带来极强的挫败感。如果其在成长过程中曾经遭遇过社会和他人的歧视，其就更容易形成对自身残疾的高度自卑感，会极力避免与人接触。

（4）情绪化。肢残人由于身体活动受限，孤独感与自卑感使得他们情绪的稳定性比较差，缺乏安全感，很容易焦虑或抑郁。身体上的残疾和对他人帮助的依赖，使得他们对别人的态度高度敏感，非常在意他人的评价与议论，会因别人的态度甚至是神情的些许变化而发生较大的情绪波动。

2. 与肢残人沟通的技巧

（1）态度自然。残疾人最渴望的是社会把他们当成“普通人”而非“特殊人群”。因而，面对肢残学员，指导教练员首先在态度上要平和自然，避免表现出吃惊、好奇、害怕甚至是同情，把他们当成健全人对待是对他们最大的尊重。

（2）目光真诚。在社交场合，通常人们（特别是陌生人之间）初次见面时，总是习惯性地上下打量对方，以从外观来了解对方并做出相关判断。这在健全人群中是非常自然的举动，但对于残疾人而言这就是一定要避免的行为，尤其是对肢残人。指导教练员不能将目光停留在他们的残疾部位。如果事先不知道，无意中看到了残疾部位，不能流露出惊讶、好奇、害怕、厌恶等神情，要尽快将目光自然地转移开；如果事先知道学员情况，则不要注视其残疾部位。教练员也不要用同情的眼光注视他们，这种同情对残疾人而言很可能是一种伤害。

（3）称呼文明。在称谓上要尊重残疾人，即便是非常熟悉的朋友，也不能使用“瘸子”“跛子”“瘫子”“拐子”这类带有歧视色彩的词语，开玩笑也不行。

（4）交谈得体。与肢残人交流时，要避免询问致残原因、治病经历、成长过程等敏感问题，特别应注意回避与其生理缺陷有关的内容。交谈的内容应当广泛，可以是体育领域的，如赛事新闻、运动知识、项目技术，也可以是天文地理、文学艺术、历史文化等。面对坐轮椅的残疾人，如果对话时间超过一分钟，最好采取坐姿或蹲姿与其交谈，使得双方的目光基本在同一水平线上，而不要让其仰视。

（5）帮助适当。帮助肢残人时要特别注意方式方法，因为他们可能内心敏感比较要强，不喜欢甚至反感别人对他们的同情与怜悯。在实施帮助之前，一定要征得他们的同意；如果他们拒绝帮助，则要尊重他们的意见，避免强行帮忙的莽撞行为。

（三）视障人的身心特点及与其沟通的技巧

1. 视障人的身心特点

（1）感觉特点。感觉是人类认识世界的起点，分为内部感觉和外部感觉。外部感觉包括视觉、听觉、嗅觉、味觉、触觉、肤觉等；内部感觉包括运动觉、平衡觉、内脏觉等。其中，视觉是人类获得外部信息最重要的感觉通道，在个体生存、学习、生活、工作、空间定位、时间估计、智力发展等方面起着十分重要的作用。一旦视觉丧失，其他感觉活动会予以代偿。比如，对于视障人而言，听觉则是他们认识世界、获取知识、识别环境、判断事物的重要途径。由于长期的有意锻炼和使用，视障人的听觉较强，能够迅速捕捉周围的声音，并依靠声音来进行空间定位和方向判别。他们在听觉注意力、选择性和对声音的记忆力等方面都比健全人更具优势；但听觉无法完全替代视觉，特别是在对方位、距离、形状、颜色等外部事物的准确识别与判断方面，视障人依然无法与健全人相比。因此，视障人在形成正确概念和准确认识事物方面存在较大困难。

除了听觉，触觉也是视障人认识外界的重要渠道。他们通过触碰、抚摸物体来了解其大小、形状、温度、硬度、重量、质地等物理特征，并结合听觉和其他感觉器官，形成对该事物的感知图像。但由于触觉的形成需要与物体直接接触，对于无法直接接触的物体则无法获取信息。相较于视觉，触觉给视障人提供的信息存在速度慢、零散性、片面化等问题，这导致视障人对事物的认知与判断缺乏准确性和快速性。

（2）知觉特点。个体的知觉是建立在感觉的基础之上的，视觉缺失导致视障人的知觉存在选择困难、理解缓慢、整体性欠缺等问题。

（3）注意特点。第一，有意注意较为突出。视障人需要依靠非视觉的感觉通道获取外部信息，这使其有意注意能力得到不断发展，相较于健全人，视障人的有意注意能力更为突出。第二，注意分配能力强。第三，语言注意增强。视障人更多依靠听觉通道，没有或很少被视觉通道无意注意的信息干扰，这使得他们对语言的注意明显增强，倾听能力更强。第四，注意稳定性强。由于没有或很少有来自外部视觉的干扰，视障人的注意力更加稳定。

（4）记忆特点。记忆分为形象记忆、语词记忆、情绪记忆和动作记忆。视障人的形象记忆以听觉记忆和触觉记忆为主，缺乏视觉表象或视觉表象不完整。

（5）思维特点。视障人的思维比较敏捷，但视觉缺失造成的感性经验缺乏和语意不符现象会影响到其思维能力的发展。他们难以形成清晰正确的概念，一些健全人很容易形成的具体概念，对视障人群而言则显得比较困难。例如，他们对事物颜色和形状的认识，是通过别人的语言描述获得的，并非亲眼所见，他可以说出“红色”“长方形”等词语，但对词语含义的认知并不一定是准确的。这会影响他们的归纳、概括和抽象思维能力的发展，因为思维中的判断与推理建立在对概念的理解之上。这进一步导致其推理能力发展不平衡。

（6）语言特点。首先，视障人的智力正常且听力更好，因此，他们的语言水平完全可以达到健全人的一般标准，能够理解他人意图并表达自己的观点。其次，由于缺乏视觉表象，其语言缺少视觉感受性的基础，从而出现语言与实物脱节的现象。例如，他们也会用语言表述颜色，但这往往是他们模仿别人的话语，而非自己亲身感受后的体会。最后，健全人说话时，常常借助表情、眼神、手势、动作来传递更多信息，视障人在做这些时则比较困难，甚至会出现盲态。

（7）人格特征。视障人由于长期生活在黑暗和孤寂的世界里，行动受到限制，与外界交往多有不便，其情感与人格发展会受到严重的影响。视障儿童的依赖性较强，自我中心倾向较为明显。同时，他们缺乏安全感，容易产生焦虑、烦恼、怨恨等消极情感。身体的局限使得他们无法通过视觉识别外界危险，经常处于紧张焦虑的状态。因此，在与外界进行交往时，视障人的防御心理通常非常强，不愿意与陌生人说话，不愿意表达内心的真实感受，经常处于压抑的情绪状态中。

（8）心理问题。视障人的心理健康问题主要表现在冲动倾向、恐怖倾向、身体症状3个方面。视障儿童的恐怖倾向和冲动倾向问题检出率较高，这与其存在的人格缺陷有关。视障儿童在心理韧性及情绪控制、人际协助方面的得分都显著低于视力正常儿童。视障儿童的忍耐性和自制力较差，所以难以调控自己的情绪状态，对于出现的负面情绪不能很好地做出调节和抑制。

2. 与视障人群沟通的技巧

（1）详细告知。指导教练员初次与视障人相识时要尽量多地告知对方关于自己的信息，例如自己的学历、专业、兴趣、个性等，让对方能够更快地了解自己，这有助于使其产生更多的信任感和安全感。

（2）声音提示。由于视障人主要依靠声音对外界进行判断，这就要求指导教练员来到或离开他们身旁时，一定要发出声音提示。例如，在距离他们一两米远时，首先应有一个声音、提示或问候，如“嗨，你好”或“你好，我来了”。此外，不要在他们毫无准备时触碰其身体，比如，突然与其握手或拥抱。如果视障人需要被引导去一个地方，指导教练员能很自然地主动让他牵着自己的手，带他到想去的地方，这些细微的关心和帮助都会使他们对教练员产生好感并愿意与之进行交往。

（3）注重语言。视障人的感觉、知觉特点，要求指导教练员在教学训练时要尽量保证周围的环境安静，讲解时要说话清晰、表述准确、语速适当。游泳教学中有很多需要示范的技术动作，视障人无法看到，这时指导教练员一定要用简洁清楚的语言对技术动作进行详细的讲解，使其能够将这些知识在头脑中转化成具体形象的动作进行模仿。同时，要更多地利用他们的触觉优势，令其通过肢体接触感受技术动作特点，帮助他们对游泳进行理解和掌握。视障人对外界事物的准确理解和判断需要比较长的时间，因此，指导教练员要更耐心和细致。

（4）文明用语。与视障人交流时应避免使用“瞎说”“瞎猜”“瞎想”“瞎……”等不文明、不尊重的语词。

（5）告知方位。由于视障人需要依靠语言、声音来判断方向和距离，指导教练员在与其交流时要注意清楚准确地指示方位。比如，要表述为“把游泳圈放在您自己的前面”，而不是“把游泳圈放在这儿”；要表述为“在您左前方大约一米”，而不是“在那里”。在描述方位时，尽量以他的身体作为原点，例如当指导教练员面对视障学员时，要以他的左右而不是自己的左右为方位。

（6）真诚同理。对视障人要给予更多的关心和照顾，认真倾听他们的提问，使用详细准确的语言描述，细致陪伴，积极鼓励，耐心理解，真诚赞美。

（四）听障人的身心特点及与其沟通的技巧

1. 听障人的身心特点

（1）认知特点。视觉和听觉是人类认识世界的两个重要通道，由于听力全部或部分丧失，听障人主要依靠视觉来认识外部世界。他们的优势兴奋中心主要产生和保持在视觉感受区，其注意大都由视觉刺激引发。他们理解语言和他人，主要依靠看手势、看肢体动作、看口型。由于其更多依靠视觉通道，听障人的注意特征与非听障人之间存在明显差异。他们的注意范围比较狭窄，注意分配能力、转移能力都比较弱。由于视觉容易疲劳，他们主要依靠视觉认识世界的听障人的注意缺乏稳定性。

（2）人格特点。人的思维、情感表达、情绪体验等主观心理活动，需要具备一定的语言基础，但听障人的语言发育迟缓，水平较低，这导致他们的自我意识水平较低，对问题的思考欠缺深度和广度。此外，听障人由于可能曲解视觉信息现象，形成认知偏差，因而容易对其他人产生敌对和偏执心理。有研究发现，听障大学员在人格的自律、有恒、情绪稳定、严肃审慎、聪慧等维度上的得分都比非听障学员低，并且其在个性上会更多地表现出自控力差、偏执、自我中心冲动、忧虑、不自信等特点。

（3）心理问题。多项实证性研究的结果表明，与健全人相比，听障人出现心理健康问题的概率更高。他们由于存在听力障碍，语言交流受限，接收信息的渠道有限，在面对压力和挫折时倾向于压抑内心感受，缺乏向外界寻求支持和帮助的有效手段，久而久之，容易产生躯体化、焦虑、抑郁、冲动甚至自残等问题。

2. 与听障人沟通的技巧

听障人的听觉有不同程度的损失，在与人沟通交流方面存在不同程度的困难。与听障人沟通的方法主要有手语法、口语法、综合法。其中，手语是最重要的交流工具，同时应以目光、表情、动作、文字、声线、空间等信息作为辅助。

（1）学习手语。指导教练员在教学中如有需要，可预先安排手语翻译；指导教练员也可以自己学习手语知识，掌握基本手语，直接与其进行简单的手语交流。

（2）突出面部。面对面沟通时，指导教练员要面向光源，以便听障学员能够清楚地看到教练员的面部表情和口型，方便其通过非言语信息和唇形判断含义，切勿背向光源与他们交流。

（3）主题稳定。由于听障人的注意转换比较困难，思维的转移也比较慢，与其交流时切勿随便转换话题。

（4）降低语速。说话内容要精简易懂，语调不要过高或过低，语速适当放慢，口型应准确清晰，但不必夸张。

（5）身体语言。指导教练员教学时应避免不必要的走动，说话时不要过分摇摆身体和使用无意义的肢体动作，否则会给听障人带来过多信息干扰，导致其理解错误和视觉疲劳。

（6）借助文字。在教学时，指导教练员要善用辅助沟通工具，如留言板、短信、微信、字条等文字传递工具准确传递信息。

（五）智障人的身心特点及与其沟通的技巧

1. 智障人的身心特点

（1）不同级别智障人的认知情感特征。智障人的认知水平普遍低下，语言与沟通存在障碍，情绪与行为存在问题，社会适应及生活自理能力较差，感官知觉能力较弱。智力残疾分为轻度、中度、重度和极重度4个级别，每个级别的智障人的认知水平和情感特点都有差异。

第一，轻度智力残疾人在学习技能上会出现问题，需要额外的协助才能达到同龄人的抽象思维能力水平。在复杂技术动作的学习中掌握进度较慢。例如，对蛙泳的勾脚、外翻等动作掌握得较慢，需要额外辅导和不断重复。

第二，中度智力残疾人在概念掌握能力上明显比同龄人发展得慢，有讲话能力，但不能理解某些社交提示。其有一定的自理能力，但需要多加督导才能适应一般性社交生活。

第三，重度智力残疾人对概念的掌握能力非常有限，只明白简单的语言、数字或其他基本概念。此外，他们语言能力发展非常有限，只理解简单的口语及手势。

第四，极重度智力残疾人仅有非常有限的理解能力或只能明白简单的指令，通常通过非语言方式来表达自己的要求及情绪。

（2）智障人的心理特点。第一，大多数智障人从小被父母和家人过度保护和行为替代，导致其甚至无法独立完成某些基本日常活动，如穿脱衣服、系鞋带、吃饭、上厕所等。其自理能力水平低，独立完成任务的经验不足，自信心的严重缺乏，使得他们对简单的活动会产生抗拒心理。

第二，智障人因为记忆力较差，注意力极易分散，一些简单的知识和技能需要通过一遍遍的重复才能学会。他们的逻辑思维能力和抽象思维能力较差，对于新知识或经验难以做到举一反三。

第三，智障人在沟通表达时存在如理解抽象词语困难、理解复杂句子困难、语音表达异常、语音的清晰度和声调异常、词语的数量贫乏、句子的运用水平较低等问题。

2. 与智障人沟通的技巧

（1）增强沟通动机。智障人的大脑功能发育存在实质性缺陷，认知能力差，欠缺生活经历和经验，这使其缺乏与外界沟通的动机。因此，指导教练员要热情、耐心，主动与他们沟通，增强其参与沟通交流的动机。

（2）肢体动作表达。智障人的抽象思维能力弱，语言表达和理解能力差。指导教练员在教学中，可以运用肢体语言来表达教学内容，也可用图片替代语言，以此吸引他们的注意力，帮助他们理解和快速掌握。

（3）制造成功机会。指导教练员在教学设计中要做到难易结合，由浅入深，给学员们制造成功机会，使其能体会到成功的喜悦和成就感，从而提高沟通的兴趣。

（4）耐心、细致、温柔。智障人的情绪容易波动，其焦虑、孤独、自卑等心理比较严重。指导教练员说话时声音要轻柔，多鼓励和表扬，避免指责、批评，让他们感觉到教练员的关爱和尊重，从而保持情绪上的相对稳定。一旦指导教练员与其建立起信任感和安全感，就为有效的沟通打好了基础。

（六）孤独症者的身心特点及与其沟通的技巧

1. 孤独症者的身心特点

孤独症（又称自闭症）是一种由脑神经发育障碍引起的广泛性发育障碍，由美国的卡勒教授于1943年最早提出。相关研究表明，孤独症儿童的典型症状主要表现在3个方面：语言表达、交流不畅；日常行为重复、刻板；社会交往被动、迟钝。其中，社会交往障碍居三大典型症状之首。

（1）认知特点。第一，在感觉、知觉上，其擅长视觉学习，听觉和语言的学习能力较差。第二，在注意上，有意注意存在困难，容易分心，擅于对微小细节特别是视觉上的细节进行关注。教学时，他们的注意力会集中在自己感兴趣的事物上，不太能够按照教练员的要求集中注意力。他们的关注点变化快，以视觉性变化快速地从一个事物转移到另一个事物上。例如，指导教练员正在教授游泳动作，孤独症学员可能会盯着自己游泳衣上的一个纽扣，或者被泳池中漂浮的水花、泳圈等所吸引，而无法集中注意力在教练员的授课上。第三，在记忆上，其对数字、文字符号的机械记忆较好，对直观的非言语材料识记能力强，但对抽象事物的记忆能力差，尤其是情景记忆能力更差。第四，在思维上，其具象思维能力较好，但概括能力、抽象思维能力、判断推理能力发展滞后。他们对抽象的语言概念的理解非常困难，所理解的词语都是形象具体的，难以体会语义背后的深刻内涵，也很难了解物与物、人与物、人与人的相互关系。第五，在行为模式上，他们表现出强烈的冲动性，在教学中可能表现为固执地寻找自己想要的东西，教练员和父母也难以对其进行有效控制和引导。

（2）语言和沟通特点。第一，在语言理解上，其明显落后于平均水平，尤其是对于抽象概念和涉及隐喻、歧义、象征、反讽等深刻内涵话语的理解非常困难。第二，在语言表达上，有言语停滞或异常现象。第三，在语言沟通上，他们既不能很好地理解别人的语言，又不善于表达自己的思想感情。他们有的重复自己听到的话语，如重复指导教练员说过的话或电视里出现的广告词，但这只是机械性模仿，而非沟通交流。第四，在非语言的交流与沟通上，其在肢体语言的学习和运用方面显得比较困难，缺乏面部表情和相应的手势动作。

（3）社会交往特点。第一，缺乏行为主动性。孤独症者组织自己行为的能力存在显著缺陷，不知道一件事情从何开始，因此，他们的行为具有明显的被动性，过度依赖教练员或父母的带领，否则就会站立于旁，不做任何事情。第二，缺乏社会性互动。孤独症者在认知特别是语言认知上存在理解他人语义的困难，这使得他们很难与别人同步进行活动。第三，缺乏变通性。对孤独症者而言，外部世界充满了混乱和压力，因而他们沉迷于惯例，有很多刻板行为。例如，他们会重复话语，沿着固定的路线行走，与固定的人打招呼，按照固定的程序做事情。第四，缺乏同理心。他们难以理解别人的语言，更无从体会他人的感受。在交往中缺少与他人目光的交流，不会对人微笑，也难以用语言或表情回应别人，与常人难以达到情绪上的共鸣，更无法与人进行情感共享，从而难以发展出正常的互动关系。第五，缺乏规则意识。在活动时，他们常常拒绝参加集体活动，不懂得遵守活动规则，即使通过教育也不能很好地遵守集体规则及纪律。

2. 与孤独症人群沟通的技巧

（1）耐心细致。孤独症者大多处于接触被动、孤独无助的状态，往往沉默不语、生活自理能力差，缺乏自我安全防护能力，因而更易受到他人和意外的伤害。面对此类学员，指导教练员需要用责任心、爱心和耐心呵护其安全。尤其是在水下游泳训练中，指导教练员要密切关注学员的情况，及时排除可能存在的安全隐患。

（2）降低语速。指导教练员与孤独症学员沟通时语速较正常语速要慢些，以留给他们更多理解、整合语义的时间。

（3）直观表达。孤独症者在语言发展上存在缺陷，抽象思维能力和表达方面都存在较大问题。指导教练员与其沟通交流时应注意尽量避免使用抽象概念和隐喻表达，要采用直观形象的表达方式。在教学中，教练员可更多地采用动作示范而非语言讲解；纠错时更多地使用肢体动作表达而非语言描述。

（4）借助实物。沟通中最基本也最具象的形式就是使用实物，这对孤独症者而言是非常便于理解和记忆的。指导教练员可以使用实物与活动进行关联，以便于他们准确理解。例如，更衣时要带的泳衣或泳裤，练习时要用的浮板，洗澡时要用的毛巾，喝水时要用的水杯，去卫生间要用的卫生纸，等等。每次活动开始前，要向他们出示这些实物，或将这些物品摆放在固定的位置上，每次开始一项新的活动，就引领他们去固定的地方。经过几次重复，孤独症者就能够将实物与即将开始的活动联系起来，从而能够独立地开展后续的活动。

（5）使用图片或照片。孤独症者对文字的理解能力较弱，但对图片、照片、视频的理解能力相对较强。

（6）语言精练。指导教练员在与孤独症者进行沟通时，要使用简单清晰的语言、文字给予鼓励，如“好！”“棒！”“加油！”从而提高教学对象的兴趣点和注意力。

（7）经常提醒。孤独症者的行为主动意识和能力都比较弱，有些人甚至需要旁人时刻提醒才能做出后续的动作。面对这样的学员，指导教练员要更加耐心细致，注意及时反复提醒学员要做的动作或事情。

二、不同残疾人的游泳教学特点

（一）肢残学员的游泳教学特点

造成肢体残疾的原因有很多。这里主要介绍脊髓损伤类、截肢类、脑瘫类这3类常见的肢残学员在游泳教学中的心理特点。

1. 肢残学员在游泳教学中的心理特点及应对办法

脊髓损伤类、截肢类、脑瘫类的肢残学员（特别是成人肢残学员）在游泳教学中的心理特点主要有以下5个方面。

（1）恐惧心理。肢残学员学习游泳，克服恐惧是第一要务。这里包括克服对水的恐惧心理和对残肢暴露在公共场合的心理障碍，成年肢残学员在这两个方面的恐惧心理尤为突出。首先，教练员可以通过讲解水的浮力、流动性、压力等特性，让学员形成对水的初步认识。其次，讲解在初学游泳佩戴的浮具和安全措施，消除其对安全的担忧。再次，介绍教练员的资质和教学成功案例，给予安全性保证，并对照与其残疾程度相近的学员的成功案例，减少其紧张情绪。最后，让学员逐渐在池边适应水、感受水，进而喜欢水。对于残肢暴露在公共场合的心理障碍的克服，可以通过营造集体学习环境，大家都将残肢暴露在外的方式帮助学员逐渐克服心理障碍。

（2）较强的自我保护意识。这个特点在成年肢残学员初学时比较常见，主要体现在以下两个方面。第一，一般成年残疾学员产生恐惧心理多是受外界一些因素的影响，如听说谁游泳呛水了、呼吸困难了、对安全造成直接威胁了等而形成的心理障碍，产生了较强的自我保护意识。第二，对自己的身体功能的能力低估造成的自卑心理，如我的腿不能动、我怎么能游等心理，从而形成的自我保护意识。对受外界负面影响较大的学员，指导教练员要通过举事例的办法对其进行开导。找到同等残疾程度的学员是如何在教练员的正确引导下掌握技能的事例，采用同等程度对比的激励办法让学员看到希望。对学员低估自己能力的问题，指导教练员可以通过循序渐进的原则，将技术动作分解成若干小任务使其逐步完成，帮助学员建立对自己能力的正确评估，进而建立自信。

（3）依赖性与独立性的矛盾心理。由于心理恐惧或对自己能力的低估等，学员产生了对教练员的高度依赖。如反复询问教练员“我能学会吗？”“我下水没问题吧？”等问题。另一方面，学员又想自己能够独立完成，从而形成了依赖与独立的矛盾心理。教练员要使用非常肯定的语言来激励学员突破自己，如“你肯定能学会”“教练员一定把你教会”等语言，让学员与教练员之间产生充分信任。

（4）对掌握新技能与得到外界认可的渴望。肢残学员也和健全人一样，有对新技能掌握和得到外界的认可的渴望。特别是对得到外界的认可的渴望，比健全人更强烈。为了满足对新技能的掌握和得到社会认可的需求，教练员对学员的评价和激励要及时、准确，发现点滴的进步就应及时给予肯定和认可，这是他们坚持学习的动力。此外，营造队友之间相互鼓励与交流的氛围，让学员有集体感，其感受到的认可度会进一步提高。

（5）肢残学员有显著的交往需求。通常残疾人受肢体残缺等功能限制，外出参与活动都较健全人少，个别的几乎不外出，虽然其也有社交的需求，但通常很难被满足，所以其社交需求较健全人更强烈。采用集体教学为主，教练员与学员的互动、学员与学员的互动等为辅的模式，在掌握技能的同时残疾学员的社交需求也可得到满足。

2. 肢残学员在游泳教学中运动障碍的特点、改善办法和注意事项

（1）脊髓损伤学员在游泳教学中运动障碍的特点、改善办法和注意事项如下。

1）脊髓损伤学员运动障碍的特点。脊髓损伤主要是外伤（交通事故、摔伤等）或疾病（脊髓炎等）造成的。脊髓损伤的位置不同，身体残存的运动功能也不一样。神经系统的损坏

会使运动神经、感觉神经、自主神经和感受器遭到不同程度的破坏，体能、运动能力和健康状况都会因此受到很大影响。大多数情况下脊髓损伤学员会下肢力量不足，机体耐力差、控制支撑能力差。

2）脊髓损伤学员运动障碍的改善方法。游泳可以改善脊髓损伤学员的上肢耐力，特别是在上肢肌肉耐力、力量、平衡能力改善方面有很好的效果。由于脊髓损伤学员的下肢有运动障碍，在蛙泳初级教学中不能使用下肢，应突出上肢教学。实践证明，不采用腿部推进力的情况下，经过训练，部分脊髓损伤学员仅使用上肢仍能独立完成50米蛙泳或更长距离的蛙泳，这对他们上肢耐力和力量的提升起到了促进作用。在学习蛙泳技术动作时，教练员将技术动作分解成小任务教授，最后组合，这样对脊髓损伤学员改善协调配合能力、平衡能力都能起到促进作用，而且经过不断重复强化，其协调性和稳定性都会有较大提高。

3）脊髓损伤学员在游泳教学中的注意事项。脊髓损伤残疾人可能出现植物性神经紊乱，其特征为：剧烈头痛；皮肤红疹；血压升高（高于200/100毫米汞柱）；损伤平面以下出汗，比正常出汗量大；情绪烦躁；脉搏下降（低于60次/分）；恶心反胃等。脊髓损伤学员出现以上情况时，应采取的措施为：避免并发症，因此要尽快进行治疗；保持坐姿，也可以转移至地面上，保证头部抬高；及时明确并去除诱因，一般最常见的原因是膀胱充盈，直肠和皮肤问题也可能是诱因，如无法消除，则应尽快求医治疗。

（2）截肢学员在游泳教学中运动障碍的特点、改善办法和注意事项如下。

1）截肢学员运动障碍的特点。截肢是因外伤、感染、先天畸形等严重影响正常功能，需要用手术的方法切除伤病肢体的一类残疾。截肢包括上截肢、下截肢和上下混合截肢，截肢的位置不同，残疾的严重程度也不同。下截肢的人，身体移动功能受限，双下肢截肢需要依靠轮椅移动，单下肢截肢需要装配假肢方能行走。下截肢学员完成下肢推进的技术动作很困难，如蛙泳蹬腿技术。上截肢学员完成上肢推进的技术动作有很大困难，如手臂技术动作。

2）截肢学员运动障碍的改善办法。下截肢学员主要对健侧肢体和上肢功能进行锻炼，包括各个关节、各个方位的主动运动、全身协调配合、平衡能力等。所以，在下截肢学员的游泳教学中，多利用自由泳、仰泳来提升肩关节、踝关节的主动运动能力，从而促进其机能康复。上截肢学员主要发展下肢技术动作和耐力，对还残留的上肢关节进行各个方向的运动，提升关节活动度和肌力。通常利用自由泳、仰泳教学提升其肩关节活动度；通过蛙泳教学改善髋肩关节屈伸、外展内收；通过运动量的提高，提升其肌肉耐力和力量。

3）截肢学员在游泳教学中的注意事项。第一，游泳教学中不存在穿戴假肢的问题，教学结束后要将残肢清理干净才能佩戴假肢。第二，下截肢学员要注意健侧下肢与截肢肢体残端的末梢循环，如出现下肢疼痛，应立即减少运动量或暂停运动。

（3）脑瘫学员在游泳教学中运动障碍的特点、改善办法和注意事项如下。

1）脑瘫学员运动障碍的特点。国际脑瘫人体育和休闲运动协会将脑瘫者分为肌张力增高、共济失调和手足徐动3种类型。脑瘫者通常伴有语言、智力、听力、视力等障碍，以及由此造成的身体运动功能障碍；在水中表现为四肢控制力受限，语言反馈有障碍。残疾程度不同，脑瘫学员对技术动作理解和个人能力表现不同。

2）脑瘫学员运动障碍的改善办法。主要通过水中康复器材（浮力哑铃等），进行不同方位、角度、速度和次数等的改善其痉挛肌肉的对侧拮抗肌力量训练。例如，肘关节屈肌明显痉挛时，通过在半陆半水练习前推浮力哑铃或俯卧池边单臂后推浮力哑铃等动作，增强肘关节伸肌的力量训练。注意，有手足徐动症状者不要采用不能控制的负荷重量，在抗阻过程中不要屏气。系统的水中康复课程在帮助脑瘫学员康复方面效果非常明显，感兴趣的读者可以深入研究。

3）脑瘫学员在游泳教学中的注意事项。第一，开展脑瘫水中康复练习前，一定要向参训学员的负责医生或保健人员了解其近况，做到因人、因时、因地地制订锻炼计划。第二，严重痉挛或骨质疏松的参训人员进行关节弯曲负重练习时要谨慎。

（二）视障学员的游泳教学特点

1. 视障学员在游泳教学中的心理特点及改善办法

（1）视障学员在游泳教学中的心理特点。

1）视障人中未参加过游泳培训的人员很多，学会游泳的成功案例很少，这无形中在视障人群中形成了视障人不能参加游泳这么高危的体育项目的错误认知，从而给想要学习游泳的视障人造成了心理上的负面影响。

2）视障人的视力受限，这使其无法准确感受外界环境和水中环境，无法控制自己在水中的身体位置和平衡，进而形成了在水中游泳就是很危险的主观想法。

（2）视障学员在游泳教学中的心理改善办法。

1）听觉是视障人士获取外部信息的主要通道。教练员讲授技术要领时要把外界的事物或技术动作"说"出来，把视觉信息翻译成语言信息，让视障学员自己在脑海中构建有关外界事物的图像和画面。丰富的语言、形象的表达和详细的教学内容，是消除视障学员紧张和恐惧等负面情绪的主要方法。例如，进入泳池后，教练员要给视障学员形象地描述泳池的大小、泳道、水温、入池扶梯有几节台阶、有什么安全保障措施、安全保障措施在游泳中能起到多大的作用等，明确了这些，视障学员能很快消除紧张情绪进入学习状态。

2）触觉也是视障学员获取外界信息的补偿方式之一。对不同形状、质地的体育器械触摸，对运动场地及相关人员的触摸，可以使神障学员很快熟悉所处的外部环境。触觉作为听觉的补偿方式起着很重要的作用。例如，视障学员在下水之前佩戴浮具，教练员要讲清楚浮具是什么形状、什么材质、如何构成、有多大的作用；之后让其触摸、佩戴浮具并在水中自己体会浮具的作用，自己确认在水中的安全性，这样学员的紧张情绪才会被打消。

2. 视障学员在游泳教学中运动障碍的特点、改善办法和注意事项

（1）视障学员在游泳教学中运动障碍的特点。

由于人类感知外部世界的信息时主要依靠视觉系统，视觉系统受限以后，人的空间方位感明显变弱，适应能力和位置判断能力也会变弱。再加上户外运动明显不足，视障学员普遍体力弱、四肢协调能力差，但对声音很敏感。

（2）视障学员在游泳教学中运动障碍的改善办法。

1）由于缺乏参照物的概念，视障学员对空间方位、方向的感知较弱。通过训练场地中不同位置和距离的语音信号刺激，可以强化其空间位置感。例如，教练员站在出发端，视障学员站在终点端，教练员用语言告诉视障学员自己所处的位置是出发端，让视障学员感受声音位置与自己所处位置的空间距离和空间方位；或者教练员站在泳池对面，用语言告诉视障学员自己所处的位置，让视障学员体会空间位置；或者教练员用语言描述自己站在学员的10点钟方向等。对于游进中的视障学员，在其接近终点端时，要有声音提示或用盲杆触碰提醒，以免出现碰撞。

2）当视障学员确认周边环境安全后，教练员再开始教授游泳技术动作，可以手把手教授视障学员游泳的技术动作，通过触觉感受，让其理解技术动作。技术动作的巩固常采用独立练习与辅助练习相结合的方式，最后达到正确掌握技术动作的目的。由于视障学员原本缺乏运动，教练员对其运动量和运动强度的要求不宜过高，要循序渐进，以个人能承受为主要判断标准。如果学员动作不协调，教练员需要将动作分解成小任务，使其逐一完成，不断重复整合，直到学员熟练为止。

（3）视障学员在游泳教学中的注意事项。

1）全盲人士参与游泳培训，必须配备一名游泳技能娴熟的志愿者全程陪同以确保其安全。

2）游泳教学要遵循循序渐进的原则，运动形式由简单到复杂、动作结构由单一分解到完整组合、运动负荷由小到大、重复次数由少到多。

3）视障学员可能比较胆小谨慎，对外界环境有些恐惧，所以教练员要态度和蔼，耐心细致，积极给予鼓励。

（三）听障学员的游泳教学特点

1. 听障学员在游泳教学中的心理特点和改善办法

（1）听障学员在游泳教学中的心理特点。

1）听障学员在游泳教学中的心理表现为以自我为中心。

2）受听力方面的限制，听障学员对技术动作的理解容易出现偏差、理解很难全面透彻，容易固执己见、一意孤行。

3）自我控制和与教练员之间的协调配合不够顺畅。

4）变通性较差，易产生动粗的想法。

（2）听障学员在游泳教学中的心理改善办法。

1）在游泳教学中，教练员要与听障学员建立起信任，这是游泳教学顺利进行的基础。多采用集体活动形式，消除听障学员以自我为中心的心理。

2）教练员要掌握一些简单的手语或配备能与听障学员顺利沟通的志愿者，保证教练员的意图能准确传达给听障学员，避免其出现理解偏差。

3）通过直接或间接的方法尽快了解听障学员的个性特点，从而采取有效的应对措施。例如，对脾气容易暴躁的听障学员，要额外增加沟通频次，以使其正确理解教练员意图，教练员可表达善意，以兴趣为切入点，尽快与其建立良好的信任关系。

2. 听障学员在游泳教学中的运动障碍特点和改善办法

（1）听障学员在游泳教学中运动障碍的特点。

1）大多数听障学员的肢体与健全人基本相近，运动能力方面受限很小，对其基本可以采取与健全人相同的教学方式进行教学。

2）听障学员由于听力受限，获得的外部信息以视觉信息为主，易出现偏差。

3）在信息获取不完整时，听障学员掌握技术动作相对较慢，但一旦动作信息获取完整，其进步会很快。

4）由于听力受限，外部干扰环境对听障学员的影响较小，其专注力、持续力较强，技术动作信息获取完整后进步反而较快。

（2）听障学员在游泳教学中运动障碍的改善办法。

1）在教授听障学员游泳技术动作时，基本采取与健全人相同的教学方法进行教学。

2）不同之处是教练员要多使用肢体语言，多以镜面示范为主，让听障学员通过触觉感受信息、判断信息。

3）教练员应及时给予鼓励，将碎片信息进行整合，帮助听障学员掌握完整的动作信息。例如，教练员应及时伸出大拇指以示表扬，观察其面部表情，判断听障学员是否已接收到信息，是否完整理解了信息。对于平衡能力较弱的听障学员，教练员可以在热身过程中让其进行单腿站立平衡练习、水中漂浮练习和俯卧仰卧转换漂浮练习等，以提高听障学员的平衡能力，帮助其掌握游泳技术动作。

（3）听障学员在游泳教学中的注意事项。

1）对前庭器官损伤明显的听障学员，教练员在制订练习计划时要避免头部强烈旋转动作。

2）手语无法达到完全与语言表达方式相同的效果，有时听障学员会产生误解，易产生不安情绪、不恰当的自我防卫，其要么逃避现实，要么表现出较强的攻击性。这时，教练员要表现出耐心和爱心。

（四）智障学员的游泳教学特点

1. 智障学员在游泳教学中的心理特点和改善办法

（1）智障学员在游泳教学中的心理特点。

智力障碍是一种心智发展受阻或不完全的状况，表现为在认知、语言、机能及社交能力等方面存在技巧和整体智力发展缺陷，包括智力障碍者、唐氏综合征患者等。其具体表现如下。

1）胆子小。

2）建立信任需要的时间长，建立信任后持续时间久。

3）很愿意表达自己，但语言表达有障碍。

4）智障学员理解动作较慢。

5）社交能力差，但有强烈的社交意愿。

（2）智障学员在游泳教学中的心理改善方法。

1）泳池环境是个特殊的环境，智障学员突破日常生活的环境，需要对新环境进行适应。教练员通常需要带领智障学员以游戏和娱乐的方式来熟悉泳池这种新环境，让他们放下心理包袱。

2）采用信任转移方法。学校老师或家长、指导教练员一同帮助智障学员熟悉新环境、学习新技能，逐渐将其对家长和老师的信任过渡到指导教练员身上，这样教学才能顺利进行。

3）智力障碍伴随着语言障碍，因此智障学员的语言表达能力和发音准确度都较低，需要教练员不断地理解与沟通。了解智障学员的表达方式和行为方式，采用分类对待原则，可以提高教学质量和进度。

4）如果智障学员理解动作慢，切勿着急，要贴近他们的语言习惯。例如，问一名智障学员：“你多少岁？”其回答：“15岁。”再问其：“家里还有什么人？”其回答：“还有哥哥。”再次提问：“哥哥几岁？”其回答：“哥哥13岁”。虽然其回答没什么逻辑，但是如果学员在很真诚认真地回答教练员的问题，教练员也要真诚地给予反馈。教练员应对技术动作进行反复讲解，直到学员理解动作。

5）采用两两一组或集体活动的方式，增加社交机会，培养学员的社交技能。

2. 智障学员在游泳教学中的运动障碍特点和改善办法

（1）智障学员在游泳教学中的运动障碍特点。

1）智力障碍残疾人与健全人在生长发育上存在较大差异，具体表现为体形、体态上发育不均衡，心肺功能偏弱，肌肉力量和协调性差。

2）在认知发展、动作学习上落后于健全人。智障学员掌握技术动作的速度较慢，特别是对小肌肉群动作掌握困难，例如，对蛙泳蹬腿中的脚踝跖屈（俗称绷脚）、脚踝背屈（俗称勾脚）的技术动作掌握缓慢。

3）他们可以参加运动，但不能自主参加运动；他们在运动中不能准确反映自己的身体状况，有锻炼能力，但不能自主控制。

4）智障学员的情绪不稳定、按照自己的行为方式运动、不易统一活动，缺少组织纪律性。

（2）智障学员在游泳教学中的运动障碍的改善办法。

1）长期坚持游泳锻炼可以改善其体形、体态、心肺功能、肌肉力量及协调性等。

2）学习动作可以先从大肌肉群开始，从相对简单的自由泳打水技术动作开始，采用先分解、后配合的方式。例如，蛙泳伸手后蹬腿，抬头呼气，嘴全部露出水面后张嘴吸气。

3）教练员要主动带领智障学员学习完整动作，并亲身示范，可手把手地辅导。

4）及时发现智障学员的情绪变化，最好事先与负责老师沟通，提前了解不同智障学员的情绪波动。出现情绪波动前，教练员应及时对其进行情绪疏导，可采用注意力转移的方法吸引其注意力并转移，从而提高其纪律性。

（3）智障学员在游泳教学中的注意事项。

1）游泳属于高危项目，对情绪波动较大的学员，要时刻关注，避免其出现异常行为，确保教学安全。

2）对寰枢椎关节失稳的唐氏综合征学员，要避免其颈部和上脊椎部位弯曲过度，最好避免教授其蛙泳、爬泳和蝶泳的技术动作，严重者必须停止参与活动。

（五）孤独症学员的游泳教学特点

1. 孤独症学员在游泳教学中的心理特点和改善办法

（1）孤独症学员在游泳教学中的心理特点。

孤独症是脑部发育异常而造成的一种广泛性发育障碍，部分伴有智力障碍、语言障碍、行为障碍等。

1）社交困难，人际关系敏感度不足，较难理解别人的立场与感受，交谈时只集中于自己有兴趣的话题，不理会别人的反应，不遵守规矩。

2）行为固执、害怕改变，较难接受新事物；无法控制自己的情绪，喜好特别，会为了满足自己的兴趣而不计后果；注意力不集中，思维不灵活。

3）不能有效地表达自己的观点，容易被人误解。

（2）孤独症学员在游泳教学中的心理改善办法。

1）对孤独症学员进行单一的语言训练是不够的，因为语言的形成与发展本来就是一个很复杂的过程，教练员可以通过多创造不同的语言环境和生活场景，提高其新鲜感，促进学员表达，进而其提高认知能力。游泳教学活动就营造了一个有利于孤独症学员积极进行语言沟通的环境，在掌握技术动作的过程中，有不同的技术动作学习阶段，这些阶段都需要孤独症学员反馈掌握情况，从而可以促进其与教练员的沟通，改善语言的表达能力。教练员应多以提问的方式促使学员反馈信息。

2）研究表明，人在产生愉悦感和幸福感的同时会分泌多巴胺和血清素以稳定情绪，而分泌的肾上腺素可以使人的专注力增强，因此，在快乐的情景下学习会效率倍增。根据上述结论，教练员可以结合水中游戏、水中互动等手段提升孤独症学员的注意力和大脑控制神经肌肉的能力，使其慢慢接受新的技术动作。

3）教练员应多了解孤独症学员的成长经历，多一些包容和耐心，不断请学员反馈，检查学员是否正确理解教练员的教学内容。

2. 孤独症学员在游泳教学中的运动障碍特点和改善办法

（1）孤独症学员在游泳教学中的运动障碍特点。

1）运动量不足、肌肉力量不足、速度较慢、耐力不足；运动技能低下、协调性较弱、平衡能力相对较差。

2）反应与健全人相比较慢，语言表达迟缓，常伴有重复的刻板性动作和语言。

（2）孤独症学员在游泳教学中的运动障碍的改善办法。

1）运动能力的改善。先学习大肌肉群参与多的、全身协调发力的基本泳姿（如自由泳岸边打水，大腿股四头肌、股二头肌等大肌肉群参与较多）来刺激大脑调控改善大肌肉群（粗大动作）的协调发力，提高身体素质和反应能力，增大肺活量、改善身体各方面的生理机能指标，减少躁动和情绪大幅波动，为学习小肌肉群（精细动作）的训练做准备。而后，在进行大肌肉群（粗大动作）训练的基础上，发展小肌肉群（精细动作）的训练（如抬头或侧头换气技术、蛙泳的脚踝背屈或跖屈），改善大脑肢体末端的神经肌肉控制。

2）重复刻板动作是孤独症患者的典型特点，教练员要循序渐进，逐步减少其刻板重复动作，切勿想一下就改掉此习惯。例如，孤独症学员持续不停地拍手，教练员可以采用在水中增加哑铃练习的方法，减少其重复拍手动作，逐渐解决此问题。

（3）孤独症学员在游泳教学中的注意事项。

情况较严重的孤独症学员还会有攻击性行为和自残行为。面对此状况，教练员务必及时与其家长沟通，提早发现、提早解决。暂不建议有此情况的孤独症患者开展游泳活动。

第三节　残疾人游泳教学分级

一、中华人民共和国残疾评定标准

2008年中国残疾人联合会印发《关于制发第二代〈中华人民共和国残疾人证〉的通知》（残联发［2008］10号）（以下简称“《通知》”），进一步规范对残疾人口的管理工作。《通知》还正式发布了经国务院批准的《第二次全国残疾人抽样调查残疾标准》（以下简称“《残疾标准》”）和《中华人民共和国残疾评定表》，以此细化我国的残疾分类和残疾等级标准，为日后制定残疾人服务政策奠定了工作基础。《通知》强调：“残疾人证是认定残疾人及残疾类别、等级的合法证件，是残疾人享受国家和地方政府优惠政策的重要凭证。”

《残疾标准》对肢体、听力、智力、视力、精神、言语共6类残疾的分级标准进行了规范，并强调：“存在两种和两种以上的残疾为多重残疾。多重残疾应指出其残疾的类别。多重残疾分级按所属残疾中最重类别残疾分级标准进行分级。”

二、视力残疾标准

（一）视力残疾的定义

视力残疾，是指由于各种原因导致双眼视力低下并且不能矫正或视野缩小，以致影响其日常生活和社会参与。

视力残疾包括盲及低视力。

（二）视力残疾的分级（见表3.6）

表3.6　视力残疾的分级

类别	级别	最佳矫正视力
盲	一级	最佳矫正视力低于0.02；视野半径小于5度
	二级	最佳矫正视力等于或优于0.02而低于0.05；视野半径小于10度
低视力	三级	最佳矫正视力等于或优于0.05而低于0.1
	四级	最佳矫正视力等于或优于0.1而低于0.3

注：

1. 盲或低视力均指双眼而言，若双眼视力不同，则以视力较好的一眼为准，因此，如仅有单眼为盲或低视力，而另一眼的视力达到或优于0.3，则不属于视力残疾范畴；
2. 最佳矫正视力是指以适当镜片矫正所能达到的最好视力，或针孔视力；
3. 以注视点为中心，视野半径小于10度者，不论其视力如何均属于盲。

三、听力残疾标准

（一）听力残疾的定义

听力残疾，是指人由于各种原因导致双耳不同程度的永久性听力障碍，听不到或听不清周围环境声及言语声，以致影响其日常生活和社会参与。

（二）听力残疾的分级

1. 听力残疾一级

听觉系统的结构和功能方面极重度损伤，较好耳平均听力损失≥91分贝，在无助听设备帮助下，不能依靠听觉进行言语交流，在理解和交流等活动上极度受限，在参与社会生活方面存在极严重障碍。

2. 听力残疾二级

听觉系统的结构和功能重度损伤，较好耳平均听力损失为81~90分贝，在无助听设备帮助下，在理解和交流等活动上重度受限，在参与社会生活方面存在严重障碍。

3. 听力残疾三级

听觉系统的结构和功能中重度损伤，较好耳平均听力损失为61~80 分贝，在无助听设备帮助下，在理解和交流等活动上中度受限，在参与社会生活方面存在中度障碍。

4. 听力残疾四级

听觉系统的结构和功能中度损伤，较好耳平均听力损失为41~60分贝，在无助听设备帮助下，在理解和交流等活动上轻度受限，在参与社会生活方面存在轻度障碍。

四、言语残疾标准

（一）言语残疾的定义

言语残疾，是指由于各种原因导致的不同程度的言语障碍，经治疗一年以上不愈或病程超过两年者，而不能或难以进行正常的言语交往活动，以致影响其日常生活和社会参与（3岁以下不定残）。

（二）言语残疾的类型

（1）失语：是指由于大脑言语区域以及相关部位损伤所导致的获得性言语功能丧失或受损。

（2）运动性构音障碍：是指由于神经肌肉病变导致构音器官的运动障碍，主要表现为不会说话、说话费力、发声和发音不清等。

（3）器官结构异常所致的构音障碍：是指构音器官形态结构异常所致的构音障碍。其代表为腭裂以及舌或颌面部术后造成的构音障碍。主要表现为不能说话、鼻音过重、发音不清等。

（4）发声障碍（嗓音障碍）：是指由于呼吸及喉存在器质性病变导致的失声、发声困难、声音嘶哑等。

（5）儿童言语发育迟滞：指儿童在生长发育过程中其言语发育落后于实际年龄的状态。主要表现不会说话、说话晚、发音不清等。

（6）听力障碍所致的语言障碍：是指由于听觉障碍所致的言语障碍。主要表现为不会说话或者发音不清。

（7）口吃：是指言语的流畅性障碍。常表现为在说话的过程中拖长音、重复、语塞并伴有面部及其他行为变化等。

（三）言语残疾的分级

1. 言语残疾一级

无任何言语功能或语音清晰度≤10%，言语表达能力等级测试未达到一级测试水平，不能进行任何言语交流。

2. 言语残疾二级

具有一定的发声及言语能力。语音清晰度为11%~25%，言语表达能力等级测试未达到二级测试水平。

3. 言语残疾三级

可以进行部分言语交流。语音清晰度为26%~45%，言语表达能力等级测试未达到三级测试水平。

4. 言语残疾四级

能进行简单会话，但用较长句或长篇表达困难。语音清晰度为46%~65%，言语表达能力等级测试未达到四级测试水平。

五、肢体残疾标准

（一）肢体残疾的定义

肢体残疾，是指人体运动系统的结构、功能损伤造成四肢残缺或四肢、躯干麻痹（瘫痪）、畸形等而致人体运动功能不同程度的丧失以及活动受限或参与的局限。

（二）肢体残疾的类型

（1）上肢或下肢因伤、病或发育异常所致的缺失、畸形或功能障碍。

（2）脊柱因伤、病或发育异常所致的畸形或功能障碍。

（3）中枢、周围神经因伤、病或发育异常造成躯干或四肢的功能障碍。

（三）肢体残疾的分级

1. 肢体残疾一级：不能独立实现日常生活活动

（1）四肢瘫：四肢运动功能重度丧失。

（2）截瘫：双下肢运动功能完全丧失。

（3）偏瘫：一侧肢体运动功能完全丧失。

（4）单全上肢和双小腿缺失。

（5）单全下肢和双前臂缺失。

（6）双上臂和单大腿（或单小腿）缺失。

（7）双全上肢或双全下肢缺失。

（8）四肢在不同部位缺失。

（9）双上肢功能极重度障碍或三肢功能重度障碍。

2. 肢体残疾二级：基本上不能独立实现日常生活活动

（1）偏瘫或截瘫，残肢保留少许功能（不能独立行走）。

（2）双上臂或双前臂缺失。

（3）双大腿缺失。

（4）单全上肢和单大腿缺失。

（5）单全下肢和单上臂缺失。

（6）三肢在不同部位缺失（除一级中的情况外）。

（7）二肢功能重度障碍或三肢功能中度障碍。

3. 肢体残疾三级：能部分独立实现日常生活活动

（1）双小腿缺失。

（2）单前臂及其以上缺失。

（3）单大腿及其以上缺失。

（4）双手拇指或双手拇指以外其他手指全缺失。

（5）二肢在不同部位缺失（除二级中的情况外）。

（6）一肢功能重度障碍或二肢功能中度障碍。

4. 肢体残疾四级：基本上能独立实现日常生活活动

（1）单小腿缺失。

（2）双下肢不等长，差距大于等于5厘米。

（3）脊柱强（僵）直。

（4）脊柱畸形，驼背畸形大于70度或侧凸大于45度。

（5）单手拇指以外其他四指全缺失。

（6）单侧拇指全缺失。

（7）单足跗跖关节以上缺失。

（8）双足趾完全缺失或失去功能。

（9）侏儒症（身高不超过130厘米的成年人）。

（10）一肢功能中度障碍或两肢功能轻度障碍。

（11）类似上述的其他肢体功能障碍。

六、智力残疾标准

（一）智力残疾的定义

智力残疾，是指智力显著低于一般人水平，并伴有适应行为的障碍。此类残疾是由于神经系统结构、功能障碍，使个体活动和参与受到限制，需要环境提供全面、广泛、有限和间歇的支持。

智力残疾包括：在智力发育期间（18岁之前），由于各种有害因素导致的精神发育不全或智力迟滞；或者智力发育成熟以后，由于各种有害因素导致智力损害或智力明显衰退。

（二）智力残疾的分级（见表3.7）

表3.7 智力残疾的分级

级别	分级标准			
	发展商（DQ）0~6岁	智商（IQ）7岁及以上	适应性行为（AB）	WHO-DAS II分值 18岁以上
一级	≤25	＜20	极重度	≥116分
二级	26~39	20~34	重度	106~115分
三级	40~54	35~49	中度	96~105分
四级	55~75	50~69	轻度	52~95分

七、精神残疾标准

（一）精神残疾的定义

精神残疾，是指各类精神障碍持续一年以上未痊愈，由于存在认知、情感和行为障碍，以致影响其日常生活和社会参与。

（二）精神残疾的分级

18岁以上（含）的精神障碍患者根据《世界卫生组织残疾评定量表II》（WHO-DAS II）分数和下述的适应行为的表现，18岁以下者依据下述的适应行为的表现，把精神残疾划分为4级。

1. 精神残疾一级

WHO-DAS II值≥116分，适应行为严重障碍；生活完全不能自理，忽视自己的生理、心理的基本要求。不与人交往，无法从事工作，不能学习新事物。需要环境提供全面、广泛的支持，生活长期、全部需他人监护。

2. 精神残疾二级

WHO-DAS Ⅱ值为106~115分，适应行为重度障碍；生活大部分不能自理，基本不与人交往，只与照顾者简单交往，能理解照顾者的简单指令，有一定学习能力。监护下能从事简单劳动。能表达自己的基本需求，偶尔被动参与社交活动；需要环境提供广泛的支持，大部分生活仍需他人照料。

3. 精神残疾三级

WHO-DAS Ⅱ值为96~105分，适应行为中度障碍；生活上不能完全自理，可以与人进行简单交流，能表达自己的情感。能独立从事简单劳动，能学习新事物，但学习能力明显比一般人差。被动参与社交活动，偶尔能主动参与社交活动；需要环境提供部分的支持，即所需要的支持服务是经常性的、短时间的需求，部分生活需由他人照料。

4. 精神残疾四级

WHO-DAS Ⅱ值为52~95分，适应行为轻度障碍；生活上基本自理，但自理能力比一般人差，有时忽略个人卫生。能与人交往，能表达自己的情感，体会他人情感的能力较差，能从事一般的工作，学习新事物的能力比一般人稍差；偶尔需要环境提供支持，一般情况下生活不需要由他人照料。

八、多重残疾

存在两种或两种以上残疾为多重残疾。多重残疾应指出其残疾的类别。多重残疾分级按所属残疾中最重类别残疾分级标准进行分级。

九、残疾人游泳教学的分级总体依据与参选标准

（一）残疾人游泳教学的分级总体依据

由于残疾的种类众多，残疾的程度不同，所以在开展残疾人游泳活动前，要对参训学员进行筛选，选出符合参加游泳培训活动标准的残疾参训学员，方可开展游泳培训活动。通常分为以下几个步骤。

（1）初选。根据参训残疾人的残疾证登记的残疾类型和残疾级别对照初选标准（见表3.8）进行初选，选出能够参加游泳培训活动的残疾人。

（2）身体检查（见第三章的第四节）。

符合以上两条标准的残疾人方可参加游泳培训活动。但对有意向参加游泳培训的特殊重度残疾人，要对其身体机能和健康状况进行细查、复选，筛选出部分可以参加游泳活动的学员，此类学员仅以康复为目的，不做技能掌握要求。

（二）初选标准

1. 肢体残疾人初选标准

通常在对普通残疾人游泳教学分级的过程中，我们主要参考《中华人民共和国残疾评定表》对残疾人认证的残疾类别和等级，并结合游泳分级规则对残疾人游泳教学进行分级。游泳分级规则主要评价残疾人运动员的参赛级别，旨在让比赛更加公平。每位残疾人都有所属残联颁发的残疾证明，内容有残疾的种类（包括肢体残疾、智力残疾、听力残疾、精神残疾、视力残疾等）和残疾级别（由重到轻分为1~4级）。在残疾人游泳教学的分级选择中，通常主要参考每位残疾人的残疾证的评价标准，并以此作为残疾人游泳教学分级的初选标准（见表3.8）。

2. 听力和言语残疾人初选标准

听力和言语残疾人，四肢功能基本健全，主要是听力和语言能力不同，并不影响运动功能，所以听力和言语残疾1~4级的人都能参与游泳培训活动。

3. 视力残疾人初选标准

视力残疾1~4级主要表现为视力程度的不同，其四肢健全，运动功能受到的影响很小，所以2~4级的视力残疾人基本都能参与游泳活动。

4. 智力残疾人初选标准

智力残疾1~4级主要是在智力和沟通上有障碍且程度不同，其四肢健全，所以2~4级的智力残疾人基本都可以参与游泳培训活动。

5. 精神残疾人初选标准

精神残疾的分类很多，我们特指孤独症的游泳教学分级标准，因孤独症残疾人的主要问题是交流困难或不予交流，四肢健全、运动功能受到的影响较小，所以3~4级的精神残疾，即残疾程度相对较轻的孤独症残疾人可以参与游泳培训活动。

表3.8 不同残疾类别的残疾人游泳教学分级初选标准

类别	初选标准			
	残疾证评级	健康指标	可否参加	泳姿选择（建议顺序）
肢体残疾	2~4级	符合健康筛查指标	可以	蛙泳、仰泳、自由泳、蝶泳
听力（言语）残疾	1~4级	符合健康筛查指标	可以	蛙泳、自由泳、仰泳、蝶泳
视力残疾	2~4级	符合健康筛查指标	可以	蛙泳、自由泳、仰泳、蝶泳
智力残疾	2~4级	符合健康筛查指标	可以	仰泳、自由泳、蛙泳、蝶泳
精神残疾（特指孤独症）	3~4级	符合健康筛查指标	可以	仰泳、自由泳、蛙泳、蝶泳

（三）复选标准

不同残疾类别的残疾人游泳教学分级的复选标准（见表3.9），主要是指针对各类残疾程度较重，又有意愿参加游泳培训活动的重度残疾人制定的细分标准，评价衡量其是否可以参加游泳培训活动。

1. 肢体残疾人复选标准

如果残疾证认定的1级重度肢体残疾人也想参与游泳培训活动，通常我们也会给予其参与游泳的机会，但要视残疾人的具体情况而定，具体人员具体分析。对于残疾证认定的1级重度肢体残疾人，我们建议采用残疾人运动员分级标准来进行评分，评级为S2~S4、SB2~SB4的残疾人，视情况我们也为这部分残疾人创造参加游泳培训活动的机会，但仅以康复为主，并不做技能掌握要求。

2. 听力和言语残疾人复选标准

由于听力和言语残疾人1~4级都可以参加游泳培训活动，所以没有复选标准。

3. 视力残疾人复选标准

视力1级残疾的残疾人，在志愿者一对一陪护，确保游泳教学安全的前提下，视情况也可以开展游泳培训活动。如无志愿者陪护，对于无自理能力的视力残疾人，为确保安全暂不建议其参加游泳培训活动。

4. 智力残疾人复选标准

智力1级的重度智力残疾人，一般来说缺乏交流能力且理解技术动作很困难，可视具体情况判定其是否可以参加，如果能够达到交流标准、对简单动作能理解，部分智力1级残疾人也可参加游泳培训活动。

5. 精神残疾人复选标准

精神残疾1~2级的重度孤独症残疾人，如果表现出交流极度困难或基本没有交流，甚至还带有自残或攻击性行为，暂不建议其参加。1~2级重度孤独症残疾学员康复后达到3~4级孤独症学员标准的，也可以部分参加游泳培训活动。

表3.9 不同残疾类别的残疾人的游泳教学分级复选标准（建议）

类别	复选标准					
	残疾证评级	运动员竞赛分级标准		健康指标	要求标准	建议选择泳姿
		S级	SB级			
肢体残疾	1级	S1（≤65分）	SB1（≤65分）	暂不建议开展		
		S2（66~90分）	SB2（66~90分）	符合健康筛查指标	以康复为主，技能掌握无要求	仰泳
		S3（91~115分）	SB3（91~115分）			
		S4（116~140分）	SB4（116~140分）			
听力（言语）残疾	无复选标准					

续表

类别	复选标准					
	残疾证评级	运动员竞赛分级标准		健康指标	要求标准	建议选择泳姿
		S级	SB级			
视力残疾	1级	S11	SB11	符合健康筛查指标	以康复为主，部分可有技能掌握要求	蛙泳
智力残疾	1级	交流非常困难、对动作理解困难		符合健康筛查指标	以康复为主，部分可有技能掌握要求	仰泳
精神残疾（特指孤独症）	1~2级	交流极度困难或基本没有交流		暂不建议开展，恢复后可部分开展		

第四节　残疾人游泳教学测试

一、健康检查

参训前，教练员需对报名学员的健康状况进行基本的评估，从学员基本情况、一般指标、内科指标、外科指标和视力等几方面进行检查。学员参训前需提供正规医院出具的近期身体健康证明，确保身体健康，无严重的心、脑、肺、肝、肾等器质性疾病，无高血压以及皮肤病等传染性疾病，满足上述条件则初步评估其能够参与游泳活动，对有明显超出正常范围值的项目要特别关注，标记清楚，详细登记（见表3.10）。对不符合参加游泳活动标准的学员的要及时识别，避免发生意外，常见不符合参加游泳活动标准的身体指标见表3.11。

表3.10　各残疾类别参训学员健康状况筛查指标

类别		肢体残疾类	视力残疾类	智力残疾类	精神残疾类	听力残疾类
基本情况	姓名	（必填）	（必填）	（必填）	（必填）	（必填）
	性别	（必填）	（必填）	（必填）	（必填）	（必填）
	年龄	（必填）	（必填）	（必填）	（必填）	（必填）
	残疾类别	单截肢、双截肢、脊柱侧弯、侏儒症、脑瘫、脊髓灰质炎、截瘫等（必填，重点关注）	全盲、低视力（必填，重点关注）	唐氏综合征、言语障碍、多重障碍（必填，重点关注）	孤独症（必填，重点关注）	听力残疾1~4级（必填，重点关注）

续表

类别		肢体残疾类	视力残疾类	智力残疾类	精神残疾类	听力残疾类
基本情况	单位	如北京迈盛悦合体育用品有限公司	如北京市丰台区声波残障社会服务中心	如北京市顺义区继民启智康复中心	如中国精神残疾人及亲友协会	如北京赢冠口腔医疗股份有限公司
	保险情况	已上保险（必填）检查保单	已上保险（必填）检查保单	已上保险（必填）检查保单	已上保险（必填）检查保单	已上保险（必填）检查保单
	体检日期	准确日期（必填）	准确日期（必填）	准确日期（必填）	准确日期（必填）	准确日期（必填）
一般指标	身高（厘米）	（必填）	（必填）	（必填）	（必填）	（必填）
	体重（千克）	（必填）	（必填）	（必填）	（必填）	（必填）
	BMI	（选填）	（选填）	（选填）	（选填）	（选填）
内科指标	血压（毫米汞柱）	正常范围 90~140/60~90（必填，重点关注）	正常范围 90~140/60~90（必填，重点关注）	正常范围 90~140/60~90（必填，重点关注）	正常范围 90~140/60~90（必填，重点关注）	正常范围 90~140/60~90（必填，重点关注）
	心率（次/分）	正常范围 60~100（必填，重点关注，关注心电图）	正常范围 60~100（必填，重点关注，关注心电图）	正常范围 60~100（必填，重点关注，关注心电图）	正常范围 60~100（必填，重点关注，关注心电图）	正常范围 60~100（必填，重点关注，关注心电图）
	心律	（必填，重点关注）	（必填，重点关注）	（必填，重点关注）	（必填，重点关注）	（必填，重点关注）
	心脏杂音	（必填，重点关注）	（必填，重点关注）	（必填，重点关注）	（必填，重点关注）	（必填，重点关注）
	肺	（必填，重点关注）	（必填，重点关注）	（必填，重点关注）	（必填，重点关注）	（必填，重点关注）
	肝	（必填，重点关注）关注有无传染病	（必填，重点关注）关注有无传染病	（必填，重点关注）关注有无传染病	（必填，重点关注）关注有无传染病	（必填，重点关注）关注有无传染病
	肾	（必填，重点关注）	（必填，重点关注）	（必填，重点关注）	（必填，重点关注）	（必填，重点关注）
	病史	（必填，重点关注）	（必填，重点关注）	（必填，重点关注）*	（必填，重点关注）	（必填，重点关注）

续表

类别		肢体残疾类	视力残疾类	智力残疾类	精神残疾类	听力残疾类
外科指标	脊柱	(必填，重点关注)	(必填，一般关注)	(必填，一般关注)	(必填，一般关注)	(必填，一般关注)
	四肢	(必填，重点关注)	(必填，一般关注)	(必填，一般关注)	(必填，一般关注)	(必填，一般关注)
	皮肤病	(必填，重点关注)	(必填，重点关注)	(必填，重点关注)	(必填，重点关注)	(必填，重点关注)
视力	左眼	(选填，一般关注)	(必填，重点关注)	(选填，一般关注)	(选填，一般关注)	(选填，一般关注)
	右眼	(选填，一般关注)	(必填，重点关注)	(选填，一般关注)	(选填，一般关注)	(选填，一般关注)
备注						

*被诊断为寰枢关节失稳的唐氏综合征学员不能学习蛙泳、爬泳和蝶泳。

表3.11 常见不符合参加游泳活动标准的身体指标

类别	常见禁忌人群
内科指标	1. 严重的高血压者，自觉症状比较重，可能发生脑血管意外的人群 2. 近期有心绞痛发作，运动时感到胸闷、气短的冠心病患病人群 3. 心力衰竭、心瓣膜病、急性心包炎、心肌炎、心内膜炎等心脏病患病人群 4. 患有肾炎、哮喘、中耳炎，抵抗力弱或活动量大容易使病情加重的人群 5. 大病初愈者、体质虚弱者、处于月经期的女性、病情不稳者等游泳可能不利于其健康的人群 6. 发热，体温超过 38 摄氏度的人群 7. 心电图提示有ST段抬高或压低、有二度或三度房室传导阻滞等人群
外科指标	1. 极重度残疾、脊柱无力、高位截瘫等人群 2. 患有重度精神病和癫痫病人群 3. 全盲，不能独立行走的人群 4. 患有肝炎、红眼病、严重沙眼、传染性皮肤病（如牛皮癣、体癣和脚癣）、阴道滴虫和细菌性痢疾等的人群 5. 认知障碍或不能完全配合的人群
其他指标	不能确认的特殊病情人群

二、游泳运动员分级测试

游泳分级指根据运动员在陆上和水中的综合功能进行肌力和功能方面的测试，依照测试表现进行评分以确认级别。在残疾人游泳运动员分级测试中，陆上和水中的肌力和功能测试分级更细致，对普通残疾人游泳活动具有重要参考意义。

（一）视力残疾分级标准

3种泳姿均分为3个级别：S11、SB11、SM11；S12、SB12、SM12；S13、SB13、SM13。

（二）智力残疾分级标准

3种泳姿均为一个级别，即S14级。

（三）肢体残疾分级标准

1. 肢体残疾分为9或10个级别

（1）S级（自由泳、仰泳、蝶泳）分为10个级别：S1~S10。

（2）SB级（蛙泳）分为9个级别：SB1~SB9。

（3）SM级（混合泳）分为10个级别：SM1~SM10。

2. 功能评价项目

陆上肢体评价、水中技术评价、赛中观察评价。

3. 最低参赛标准

（1）陆上评价最少减去15分。

（2）水中技术评价最少减去15分（含入水转身）。

（3）双下肢不等长最少相差20厘米。

（4）身材矮小的人，女子身高不超过137厘米，男子身高不超过145厘米。

4. 级别和分值关系（见表3.12）

表3.12 级别和分值关系表

级别	分值	级别	分值
S1	≤65	SB1	≤65
S2	66~90	SB2	66~90
S3	91~115	SB3	91~115
S4	116~140	SB4	116~140
S5	141~165	SB5	141~165
S6	166~190	SB6	166~190
S7	191~215	SB7	191~215
S8	216~240	SB8	216~240
S9	241~265	SB9	241~275
S10	266~285		

注：
根据运动员的S级别和SB级别标准推算出SM级别——
1. 若S级别为1~4级，如S为3级，SB为2级，SM为3级，其算法为（2×S3+1×SB2）÷3≈2.67≈3；
2. 若S级别为5~10级，如S为8级，SB为7级，SM为8级，其算法为（3×S8+1×SB7）÷4=7.75≈8。

5. 陆上评价

（1）肌力评价标准。

0分：肌肉完全无收缩。

1分：肌肉能蠕动，但不能带动关节运动。

2分：肌力差，肌肉收缩能带动关节运动，但不能对抗肢体重力。

3分：肌力一般，能对抗肢体重力，但不能抗阻力以充分活动关节。

4分：肌力好，能部分对抗阻力充分活动关节。

5分：肌力正常，能完全对抗阻力充分活动关节。

（2）躯干肌力评价标准。

1）躯干上部屈曲。

5分：手放于头后，肩胛骨离开床面。

4分：手交叉放于胸前，肩胛骨离开床面。

3分：手前伸，肩胛骨离开床面。

2分：手前伸，肩胛骨不能离开床面。

2）躯干下部屈曲。

5分：手放于头后，整个躯干离开床面。

4分：手放于胸前，整个躯干离开床面。

3分：手前伸，肩胛骨离开床面，但下胸椎不能离开床面。

2分：头抬起，肩胛骨不能离开床面。

3）躯干上部伸展。

5分：手放于头后，固定大腿，头、肩、胸离开床面且能稳定住。

4分：手放于头后，头、肩、胸离开床面但不能稳定住。

3分：手放于两侧，头、肩、胸离开床面。

2分：手放于两侧，腹部及下胸部不能离开床面。

4）躯干下部伸展。

5分：手放于头后，头、肩、胸上腹部离开床面且能稳定住。

4分：手放于头后，头、肩、胸上腹部离开床面但不能稳定住。

3分：手放于两侧，头、肩、胸上腹部离开床面。

2分：手放于两侧，胸部不能离开床面。

5）躯干旋转。

5分：手放于头后，整个躯干离开床面。

4分：手交叉放于胸前，整个躯干离开床面。

3分：手前伸，整个躯干离开床面。

2分：手前伸，肩胛骨不能离开床面。

（3）协调性评价标准。

1）功能协调评价标准（肌张力高、手足徐动、共济失调）。

0分：功能性运动能力完全丧失。

1分：非常严重的肌张力增高、僵硬和/或运动的协调性非常差、有非常严重的运动范围限制。

2分：严重痉挛、肌张力增高、僵硬和/或严重的运动协调障碍、有严重的运动范围限制。

3分：中度痉挛、肌张力增高限制肢体运动和/或中度运动协调障碍、有中度的运动范围限制。

4分：轻度痉挛、肌张力轻度增高和/或轻度运动协调障碍、运动范围基本正常。

5分：正常。

2）CP躯干分值计算法。

S躯干=（上肢总分÷26+下肢总分÷20）÷2×10。

SB躯干=（上肢总分÷22+下肢总分÷24）÷2×8。

（4）被动关节活动度评价标准。

0分：关节无活动。

1分：关节活动范围≥1%且<25%。

2分：关节活动范围≥25%且<50%。

3分：关节活动范围≥50%且<75%。

4分：关节活动范围≥75%且<100%。

5分：关节活动范围正常。

（5）肢体短缺评价标准（评分标准见表3.13）。

1）上肢测量。

上臂：从肩峰顶端到肱骨外上髁远端。

前臂：从肱骨外上髁远端到桡骨茎突远端。

手掌：从桡骨茎突远端到掌指关节远端（见图3.84）。

手指：从掌指关节远端到中指尖。

2）下肢测量。

大腿：从股骨大转子顶端到股骨外侧髁远端。

小腿：从股骨外侧髁远端到外踝远端。

足：从足跟到足最远端（第一或第二足趾尖）（见图3.85）。

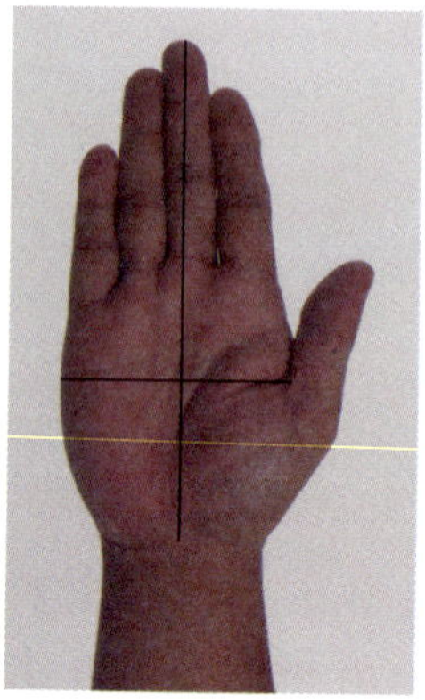

图3.84 手示意图

图3.85 足示意图

表3.13 肢体短缺评分标准

项目	S	SB
上臂	13	7
前臂	24	22
手	28	26
大腿	20	14
小腿	10	18
足	20	28
总分	115	115

（6）身材矮小评价标准。

1）S6和SB6。

女：身高不超过130厘米。

男：身高不超过137厘米。

2）S7和SB7。

女：身高不超过137厘米。

男：身高不超过145厘米。

注：身材矮小运动员18岁前需每年评价，如伴有肌力或被动关节活动范围障碍，达25分可向上升一级。

（7）下肢不等长评价标准：至少相差20厘米。

（8）分值的分布（见表3.14）。

表3.14 **分值的分布**

项目	S	SB
上肢	130	110
躯干	50	40
下肢	100	120
入水	10	10
转身	10	10
总分	300	290

6. 水中评价

（1）水中技术测试的目的。

1）了解游泳时产生推进力的能力，包括节奏变化的能力。

2）了解运动员在游泳时控制身体的能力，特别注意运动员在保持身体平衡和打水时的动作。

3）了解肢体在水中的位置，评价其维持位置的能力。

4）评价入水和转身动作。

（2）水中技术测试的内容。

1）评价在水中是否安全。

2）评价不同速度下的各种泳姿及技术。

3）评价残疾对游泳的影响。

4）评价残疾对入水和转身的影响。

（3）水中安全评价。

1）从池壁滑入水中。

2）仰漂。

3）俯漂。

4）转身（从仰卧位到俯卧位）。

5）任意泳姿游50米。

（4）如能完成水中安全测试，运动员可继续参加分级；如不能完成则分级未完成，不能获得级别。

1）仅上肢或下肢缺失、肢体矮小、下肢不等长的运动员在身体评价后接着进行入水及转身评价，加分后评定级别及级别状态，并标出例外情况。

2）肌张力高、共济失调及手足徐动的运动员，匀速游6×50米，间隔20秒，速度由分级小组决定（不低于最佳成绩的60%），完成后给出技术评价分。凭借技术评价分加上出发及转身分评定运动级别及级别状态，并标出例外情况。

3）其他残疾的运动员，在身体评价后接着进行水中技术（含入水及转身推离）评价，需完成以下技术动作，凭借技术评价分加上出发及转身分评定运动级别及级别状态，并标出例外情况。

① 100米自由泳（50米匀速，50米加速）。

② 50米自由泳打水。

③ 100米仰泳（50米匀速，50米加速）。

④ 50米仰泳打水。

⑤ 100米蛙泳（50米匀速，50米加速）。

⑥ 50米蛙泳打水。

⑦ 50米蝶泳（25米匀速，25米加速）。

⑧ 50米蝶泳打水和划水。

（5）水中上下肢评价标准（权重分值）。

0分：上肢无运动功能、下肢无控制、水中位置非常低、拖拽。

1分：关节功能活动范围非常严重受限；非常严重的协调问题；不自主运动、无推进能力（手足徐动、共济失调）；无有效运动；微量平衡及稳定（位于水下、无控制）。

2分：关节功能活动范围严重受限；严重协调问题；重度肌力丧失；平衡及稳定性差（稍位于水下、有控制）。

3分：关节功能活动范围中度受限；加速时有中度协调问题；中度肌力丧失、能动但不连贯；平衡及稳定性一般（肢体在水平面呈流线型、不能完全控制）。

4分：关节功能活动范围轻度受限；加速时有轻度协调问题；轻度肌力丧失、能动但不连贯；中度平衡及稳定（肢体呈流线型、几乎能完全控制）。

5分：功能完全正常。

（6）水中躯干评价标准（权重分值）。

0分：无控制；无平衡及稳定。

1分：轻度控制；轻微平衡及稳定、位于水下无控制。

2分：控制受限；平衡及稳定性差（稍位于水下、有控制）。

3分：中度控制受限；平衡及稳定性一般、位置和水平面一致。

4分：轻度躯干控制受限；中度平衡及稳定。

5分：躯干完全控制；平衡及稳定功能正常。

（7）入水动作（S和SB）评分标准。

0分：水中出发、有助手；不能抓、站和坐。

1分：水中出发、无助手；不能抓、站和坐。

2分：从座位落入水中。

3分：单下肢入水、动作很小或双下肢入水、动作很小，并且单或双上肢无功能。

4分：双腿起跳入水、动作很小。

5分：单下肢入水差至满意或双下肢入水差至满意，且双上肢无功能。

6分：双下肢入水差至满意。

7分：双侧上肢无功能者或肘关节以上截肢者起跳入水，单下肢入水功能好且单上肢无功能。

8分：单下肢入水功能好。

9分：双腿入水功能好且单上肢无完全功能。

（8）推离动作（S和SB）评分标准。

0分：无推离动作。

1分：仅单上肢有单一推离动作。

2分：仅单下肢有单一推离动作。

3分：单下肢有很小的推离动作。

4分：双下肢有很小的推离动作。

5分：单下肢动作差至满意。

6分：双下肢动作差至满意。

7分：双侧上肢无功能者或肘关节以上截肢者。

8分：单下肢推离功能好。

9分：双下肢推离功能好和转身单上肢无功能。

（9）评价部位和分值的关系（见表3.15）。

表3.15 评价部位和分值的关系

评价部位			S分值	SB 分值
上肢14	肩5	屈、伸、内收、内旋、外旋	S×5	SB×3
	肘3	屈、伸、旋前	S×3	SB×3
	腕3	屈、伸、尺偏	S×2	SB×2
	手3	屈、伸、内收	S×3	SB×3
躯干5	上屈伸、下屈伸、旋转		S×5	SB×4
下肢12	髋6	屈、伸、外展、内收、内旋、外旋	S×4	SB×6
	膝2	屈、伸	S×2	SB×2
	踝4	屈、伸、内旋、外旋	S×4	SB×4

（10）例外代码（见表3.16）。

表3.16 例外代码

例外代码	中文	英文
H	听力有障碍，需要灯光或信号	Hearing impaired light or signal required
Y	出发需要辅助设备	Starting device
E	仰泳出发不能抓握	Unable to grip for backstroke start
A	需要协助	Assistance required
1	单手出发（仰泳）	One hand start（Backstroke）
*2	单手触壁（蛙泳）	One hand touch（Breaststroke）
*3	双臂有意图同时触壁（蛙泳）	Simultaneous intent to touch（Breaststroke）
4	单手触壁（蝶泳）	One hand touch（Butterfly）
5	双臂有意图同时触壁（蝶泳）	Simultaneous intent to touch（Butterfly）
*7	躯干上部必须触壁	Part of upper body must touch
*8	右脚必须外翻	Right foot must turn out
*9	左脚必须外翻	Left foot must turn out
*12	下肢拖带或显示有意图的打水	Leg drag or show intent to kick
*+	应允许做蝶泳打水动作（蛙泳蹬腿违规动作）	Butterfly kick is able to be performed（Illegal in breaststroke）

注：爬泳——无例外；仰泳——仅1；蝶泳——仅4、5；蛙泳——仅*2、*3、*7、*8、*9、*12、*+。

三、运动风险评估

风险在英语中被表述为Risk，是指不利事件发生的可能性。《现代汉语词典》把风险定义为“可能发生的危险”。运动风险是指运动过程中可能发生人员身体损伤的风险。

（一）残疾人游泳运动风险的主要来源

残疾人游泳运动风险主要来源于游泳者自身和场地环境两方面。其中，来自游泳者自身的运动风险主要与游泳者的身体状况、对风险的认知能力和不安全行为等有关。如游泳者在存在严重的心、脑、肺等部位的疾病、患发热等急性病、运动前缺少充分的准备活动、空腹、饱腹或酒后等情况下参加游泳活动，那么游泳时的运动风险就非常大。场地环境所致的运动风险主要与泳池条件、设施配备、环境等有关，如游泳池是否设立深浅标志、游泳池的卫生条件、游泳馆内的温度和湿度、场馆是否具备无障碍设施、是否为不同残疾类型的学员配备了相应的辅助器材等均与运动风险相关。

（二）残疾人游泳运动风险的主要类型

残疾人游泳运动中的运动风险主要为损伤性运动风险和疾病性运动风险两大类。其中，损伤性运动风险的类型主要有皮肤擦伤、软组织挫伤、肌肉痉挛、关节扭伤、骨折等。损伤的部位主要发生在腰部、肩臂部、膝关节半月板、腹部及肘部。泳姿与损伤部位有关联，爬泳和仰泳多引发肩臂部的损伤；蛙泳多引发膝关节损伤，伴随腰背损伤；蝶泳引发的运动损伤多发于腰背部，伴随肩部损伤。疾病性运动风险常见的是耳、鼻、喉部位的疾病，如中耳炎、外耳道炎、慢性鼻炎、急性鼻窦炎、慢性上颌窦炎、慢性咽炎等，比较严重的是溺水、中暑、心绞痛、心律失常、抽搐、晕厥、猝死等。

四、常用医务监督方法

运动风险是客观存在的，虽然不可能完全规避，但是通过风险识别、风险评估和风险应对等医务监督方法可以大大降低运动风险发生的概率，进而减少其危害。

（一）游泳运动前的风险评估

在游泳运动前，要对场地和游泳者的身体情况进行评估。

1. 场地评估

残疾人进行游泳运动前要对场地环境、器材、水温、水质等进行评估，确保器材无故障、馆内温度和湿度合适、游泳池内水温合适。

2. 游泳者身体情况评估

（1）游泳者自评。

游泳者通过对自己的精神状态、有无不适、睡眠、食欲等方面的判断对运动风险进行自评。

（2）医务人员对游泳者身体情况进行评估。

医务人员通过病史调查和健康检查对拟参加游泳运动的残疾人进行运动风险评估。病史调查主要包括3个方面：一是询问家族史，询问家族中的心脏病史、脑血管意外病史及猝死病史；二是询问既往史，既往的心脏病史，如青少年时期是否患过心肌炎，成年时是否患过缺血性心脏病、间断性心绞痛，是否有过晕厥病史，有无高血压、糖尿病等慢性病史；三是询问现病史，如目前有无胸闷气短、头晕、呕吐等症状，是否患发热、腹痛腹泻等急性病和结核、皮肤病等传染病。健康检查主要包括血压、心率、体温、内外科查体和心电图等。

（3）有以下疾病或症状、健康检查异常时，不宜进行游泳运动。

1）有严重的心脑血管疾病，如心力衰竭、心瓣膜病、急性心包炎、心肌炎、心内膜炎、不稳定型心绞痛、严重心律失常、一过性脑缺血等。

2）有严重的肺部疾病，如支气管哮喘急性发作、气胸等。

3）有严重的肝脏疾病、肾病等。

4）有肝炎、红眼病、严重沙眼、传染性皮肤病（如牛皮癣、体癣、脚癣）、阴道滴虫和细菌性痢疾等。

5）有明确的急性疾病存在，如体温超过38摄氏度、白细胞计数明显升高等。

6）低血糖、低血压或糖尿病血糖控制不佳（空腹血糖>16.7毫摩尔/升）者。

7）血压升高的临床症状明显，收缩压>180毫米汞柱，舒张压>110毫米汞柱。

8）心电图显示6联律以上的室性早搏，ST段高度下移或QRS宽大畸形；二度或三度房室传导阻滞；病理性心脏肥大、心室壁增厚。

9）极重度残疾、脊柱无力、高位截瘫等。

10）有重度精神病和癫痫病。

11）全盲，不能独立行走。

12）有认知障碍或不能完全配合。

（二）游泳运动中的风险评估

在游泳运动过程中如出现以下症状，应停止运动。

（1）胸闷、胸部有压迫感、心悸、呼吸困难等胸部不适症状。

（2）头晕、视物模糊、反应迟钝、晕厥等神经系统症状。

（3）恶心呕吐、面色苍白、发热、腹痛、极度疲劳等全身症状。

（三）游泳运动时特殊情况的处理

1. 肌肉痉挛

发生肌肉痉挛（俗称抽筋）时不可惊慌失措，一定要保持头脑冷静。一般可以采用“反向拉伸肌肉”的办法将抽筋的肌肉拉长，可拍打、揉捏抽筋部位使之松弛，轻微的抽筋经过这样的处理一般可以缓解。游泳运动时发生抽筋应该立即上岸休息。

（1）手指抽筋。当手指部位发生抽筋时，应该将手用力握成拳，然后用力将五指张开伸直，动作要快速连贯，重复数次，直至抽筋缓解。

（2）脚趾抽筋。发生脚趾抽筋时应立即将抽筋的腿弯曲，然后用手指将发生抽筋的腿的大脚趾向脚背方向用力拉伸，然后用手按摩抽筋的腿的大脚趾脚底的肌腱或连接大脚趾脚背的肌腱，直至抽筋消除。

（3）小腿抽筋。发生抽筋时可以站立在浅水中或迅速起身坐于岸边。如果在水中，应该深吸一口气仰卧于水中，用抽筋腿的对侧手握住抽筋腿的大脚趾，将其用力向身体方向拉伸，同侧手压在抽筋腿的膝部使之伸直，直至抽筋消除。

2. 软组织损伤

游泳过程中若发生肌肉等软组织损伤，常采用的是“RICE”原则，其中“R”表示局部休息、“I”表示冰敷、“C”表示加压包扎、“E”表示抬高损伤部位。

3. 溺水

发现溺水后，现场师生要立即对溺水者的情况进行判断，若溺水者呼吸、心跳停止，应立即进行心肺复苏，具体步骤为：清理溺水者的呼吸道；人工呼吸；胸外按压。同时尽快拨打120将患者送往医院进行进一步治疗。

4. 中暑

游泳过程中学员若出现中暑症状，要迅速撤离高危环境，将其转移至阴凉通风处休息静卧；然后让其口服凉盐水；用冰袋、凉水擦浴或风扇吹风等方法为其迅速降温。

5. 心绞痛发作

运动中心绞痛发作，要立即停止运动，以舒适的体位安静休息；在舌下含服硝酸甘油；吸氧；尽快将其送至医院接受进一步治疗。

第五节　残疾人游泳教学课程设计

一、确立教学目标

在对残疾人进行游泳教学前，首先要知道游泳教学会对残疾人起到什么作用，产生什么影响，也就是要确立教学的目的和目标。通常残疾人游泳教学目标包含两类教学目标，即总体教学目标（最终目标）和具体教学目标。

（一）总体教学目标

1. 树立信心，积极融入社会

在游泳教学前，教练员需要明确教学的最终目标是什么。游泳教学只是残疾人人生中非常短暂的一部分，但可能对其一生产生积极的影响。残疾人游泳教学较健全人游泳教学最大的区别在于要让残疾人通过游泳锻炼树立信心，促进身体机能康复、身心健康发展，满足社交需求，认识自我、挑战自我，能够在身体、心理、社交等多方面适应社会，更好地融入社会。

2. 康复身心，培养兴趣，长期锻炼

通过游泳教学和游泳锻炼，残疾人在掌握游泳技能的基础之上，能够在心理状态、身体机能上得到适当的恢复或治疗，能明白游泳运动可以帮助其康复身心，以此发展其参与游泳运动的兴趣，从而达到让其自主学习的目的。在此基础之上，培养残疾人长期参与游泳运动的习惯，使游泳运动成为其终身兴趣并长期坚持锻炼。

（二）具体教学目标

1. 游泳教学性质

游泳教学性质是关于教学课程所针对人群、具体课时安排，以及通过教学和学习使所针对人群达到某一状态、掌握某一技能、了解某一知识的详细介绍（如例1）。

例1：残疾人游泳课程教学性质。

本课程是为轻度肢体残疾人开设的初级游泳教学课，共计32个学时。本课程是较系统地教授仰泳基本技术的一门课程，其主要教学内容包括熟悉水性、仰泳技术教学。通过本课程的学习，学员应掌握和了解以下知识、技术和技能。

（1）了解游泳运动的基本知识。

（2）掌握仰泳技术。

2. 具体教学内容和进度安排

在确定游泳教学性质后，根据教学所需总课时合理分配教学内容，在安排教学内容时要注意：泳姿、教学时数、教学课次、每次课程的教学内容，一般以表格形式表现（见表3.17）。因不同教练员所采用的教学方式不同，具体教学内容和进度安排会有较大差异。

表3.17 32学时仰泳教学内容和进度安排

泳姿	课次 教学内容	1	2	3	4	5	6	7	8	9	10	11	12	13	14	15	16
仰泳	熟悉水性练习	※	※	※													
	陆上仰泳腿模仿练习	※	※	※	※												
	半陆半水仰泳腿练习	※	※	※	※												
	水中扶板仰泳腿练习		※	※	※	※	※										
	蹬池壁滑行接仰泳腿练习			※	※	※	※										
	陆上仰泳划水模仿练习					※	※	※	※								
	半陆半水仰泳划水模仿练习						※	※	※								
	蹬池壁滑行接仰泳划水练习						※	※	※	※							
	加长距离的仰泳打水练习			※	※	※	※	※	※	※	※						
	仰泳分解配合练习						※	※	※	※	※	※	※	※			
	仰泳完整技术练习							※	※	※	※	※	※	※	※	※	
	考核														※	※	※

3. 课堂教学目标

课堂教学目标是游泳教学目标中最小的单位，也是最具操作性和直观性的教学目标，通常放在单次教学课的教案开头，以明确单节教学课所要学习的内容和预期学员能达到的效果，这一效果既可以是游泳技能的掌握，也可以是学员身心状态的变化（见表3.18）。

表3.18 残疾人游泳教学第一节课的课堂教学目标

教学目标	1. 了解学员情况（以不同的方式对待不同残疾类别和等级的学员） 2. 建立课堂管理机制（安全是开展游泳教学的关键） 3. 介绍游泳运动的情况及考核达标内容 4. 熟悉水性（在水中沿池边走动）、学习呼吸动作 5. 熟悉水性，使学员克服对水的恐惧，从而帮助其建立自信心、克服自卑心理

二、学员信息采集

（一）基本资料填写

在开展残疾人游泳教学前，首先要建立参训学员登记表（见表3.19），填写参训学员的一般信息。如姓名、性别、年龄、残疾类别、残疾级别、参训时间、培训科目、有无病史、安全协议、照片、联系方式等基础资料，填完存档。

表3.19 参训学员登记表

<table>
<tr><td>姓名</td><td></td><td>性别</td><td></td><td>年龄</td><td></td><td rowspan="2">（贴照片处）</td></tr>
<tr><td>学历</td><td></td><td>残疾类别</td><td></td><td>残疾级别</td><td></td></tr>
<tr><td>参加培训时间</td><td colspan="3"></td><td>培训科目</td><td colspan="2"></td></tr>
<tr><td>单位或家庭地址</td><td colspan="3"></td><td>联系方式</td><td colspan="2"></td></tr>
<tr><td>初始水平调查</td><td colspan="3"></td><td>有无安全协议</td><td colspan="2"></td></tr>
<tr><td>中期检查情况</td><td colspan="3"></td><td>有无传染疾病或病史、康复情况</td><td colspan="2"></td></tr>
<tr><td>毕业完成情况</td><td colspan="3"></td><td>建议意见</td><td colspan="2"></td></tr>
</table>

注：以上资料请学员认真如实填写，切勿瞒报，确保自身安全。

（二）建立参训学员健康情况、运动能力登记表

健康情况登记：向组织培训的单位（或组织）提供近期在其认可医院开具的体检健康证明，证明符合参训学员的身体健康条件。

运动能力登记：组织培训的单位对参训学员进行运动能力测试，测试结果要符合参训条件（见第四节），并做登记。

（三）建立参训学员教学进度登记卡

为了掌握参训学员的学习进程，及时跟踪教学进度和参训学员的完成情况，有必要为每一位学员建立教学进度登记卡，及时掌握学员的学习动态，为教练员提供参考（见图3.86，图中自由泳即为爬泳）。

图3.86　4种泳姿的教学进度登记卡

（四）建立学员考勤登记表

参训学员的出勤登记表反映了参训学员的出勤和缺勤情况。教练员及时了解出勤情况有助于制定下一步的教学内容，并且能够以此分析学员掌握教学内容的情况（见表3.20）。

表3.20 **残疾游泳参训学员考勤表（供参考）**

单位：

序号	姓名	日期	1	2	3	4	5	6	7	8	9	10	11	12	13	14	15	
		星期	一	二	三	四	五	六	日	一	二	三	四	五	六	日	一	
1																		
2																		
3																		
4																		
5																		

序号	姓名	日期	16	17	18	19	20	21	22	23	24	25	26	27	28	29	30	31
		星期	二	三	四	五	六	日	一	二	三	四	五	六	日	一	二	三
1																		
2																		
3																		
4																		
5																		

出勤：写“√”；缺勤：写“○”；迟到：写“迟”；早退：写“退”。

三、课程设置与教学原则

（一）残疾人游泳课程特点

残疾人作为一个特殊群体，相较于健全人参加游泳锻炼的次数更少，少有具备专门的游泳体验或参与专业的游泳教学训练的残疾人，并且残疾人参加游泳活动较健全人的危险性更高，往往一次呛水或一次身体失衡，就有可能引发危及生命的事故。因此，在对残疾人游泳课程进行设计时，教练员一定要区别于健全人，根据残疾人的致残原因和具体身体情况，选择科学的方法，制定符合残疾人身体机能的运动量，以帮助他们掌握游泳技能，进而促进其身心疾病与创伤康复。残疾人游泳课程的特点如下。

1. 课程结构设置的特点

依据不同残疾类别、不同残疾程度、不同的教学目的，残疾人游泳课程可采用不同的结构设置，主要分为以下4种课程：娱乐体验课程、康复健身课程、技能掌握课程、竞赛选拔课程。

2. 课程教学内容的特点

依据不同残疾类型、不同残疾程度、不同的教学目的，残疾人课程的教学内容设置也有所不同。重度脑瘫青少年、重度肢体残疾青少年、重度智力残疾青少年、中度孤独症青少年的课程内容以娱乐体验为主，通过区别于陆上的水中体验和在水中的愉悦练习，促进其身心健康的恢复。重度肢体残疾、重度视力残疾、智力残疾或精神残疾等残疾类型的学员以康复为主要课程内容，采用水中健身、水中游戏、简单动作训练等形式促进其机能康复。对轻度肢残、轻度视力残疾、轻度听力残疾和智力残疾等残疾类型的学员，课程主要内容为掌握技术动作，学会求生技能。对任何残疾类别的游泳技能掌握情况优秀的残疾学员，课程内容可设置为进行游泳训练，发展提升其竞技能力。

3. 课程持续时间的特点

健全人游泳课程通常1课时、45分钟。但对与健全人相比更缺少运动的残疾人来说，课程的设置时间往往应短于健全人课程时间，通常以20分钟为1课时，课间也给残疾学员安排一定的休息时间，休息时间因人而异，主要以不同类型残疾人的主观感受、主观疲劳、主观意愿为参考标准。通常，授课时间与休息时间按1∶1的比例分配。总练习时间与健全人基本一致，以90分钟、2课时为准。

（二）残疾人游泳教学原则

残疾人游泳教学的原则是根据教学目的、教学过程及对残疾人身心发展规律的认识，从教学实践中总结出来的，是反映教学过程的客观规律，也是指导教练员设置残疾人游泳课程的基本要求。

1. 安全第一原则

生命大于一切，在进行游泳教学时首先要保证好学员的生命安全，避免出现危及生命的意外事故，特别是对于残疾人进行游泳教学，场地环境和教学人员配置要求较高，泳池水温也应尽可能地微高于健全人教学时的温度。进行游泳教学时最好选择单独的教学场地，并由专业人员陪同入水，尽量避免与群众同时进行活动。除授课教练员外，还要配备辅助志愿者和救生人员。一名授课教练员所指导的残疾人数量不宜过多，一般最多8人。特殊重度残疾人最好采用一对一教学的方式。在教学场馆内还需配备供残疾人使用的特殊器材及教学辅助器材。

2. 循序渐进原则

循序渐进原则是指根据教学过程中学员的学习规律及人体掌握技术动作的规律，合理地安排教学内容、运动量，由易到难、由简到繁、由浅到深、循序渐进。例如，对双下肢残的学员进行蛙泳教学时，要先让其学习如何从轮椅入水，入水后熟悉水性，消除其恐水心理，再教授技术动作；对双下肢残学员可先教上肢技术动作，视残疾情况，再教授下肢技术动作、最后教配合技术动作；先学基础部分的动作，再学完整的动作；先复习旧动作，再学习新动作；先游短距离，再游长距离。

3. 直观性原则

直观性原则是指在教学中引导学员直接感知技术动作，通过形象的语言描述丰富学员的感性认识和直接经验，使学员易于理解所学动作，更快速地掌握技术。特别是对残疾人，本原则需授课教练员着重了解和使用。通常使用的直观性教学方法有：技术动作示范；制定特殊手势帮助教学，如开始、停止、集合、下水、上岸等；利用多媒体设备进行录像并观看分析；运用形象的语言使学员更容易理解动作。

4. 巩固性原则

巩固性原则是在游泳教学过程中使学员由生疏到熟练，最终达到动作自动化这一过程中所必备的原则。巩固与提高是相互联系的，巩固技术也是为提高技术创造条件，因此要让学员在重复过程中不断提高。在运用巩固性原则时，要注意增强学员的体能，在动作正确的情况下增加练习数量和强度，有利于正确动作的巩固和体能的提升；不要盲目追求进度，要确定学员已掌握所学技术动作后再进行下一个技术动作的教学，切勿“拔苗助长”；采用短距离训练，多重复有利于技术动作的巩固，待巩固后再加长游进距离。

5. 自觉积极性原则

根据残疾人学习过程中的心理特点，教练员应激发残疾人练习的兴趣和主动性，使练习和学习成为他们自己主动去做的事。多数残疾人比较内向、缺乏自信心、存在自卑等心理问题，因此授课教练员要对学员多鼓励、多表扬，使学员树立自信心，同时教练员也需要和学校老师、家长保持密切配合，使残疾学员形成积极、自主的学习行为。

6. 从实际出发原则

从实际出发是指在授课前教练员要根据学员的残疾等级、年龄、性别、心理及教学场地环境等确定课堂教学目标和具体教学内容，从而使游泳教学更有效、更顺利地进行。在教学过程中，如遇到突发情况或教学内容与学员的实际情况不一致，教练员需及时调整教学计划去适应学员的状况。

7. 先陆后水原则

先陆后水原则是指在游泳教学中，先在陆上做所学泳姿的技术模仿练习，通过在陆上的练习使学员了解和熟悉不同泳姿的技术动作概念，然后慢慢过渡到水中练习。先陆后水的练习可以利用陆上有固定支撑的条件，降低练习动作的难度，便于学员掌握正确的技术动作。残疾人游泳教学的危险系数较高，必须先在陆上进行练习，熟练技术动作后在专业人员的指导陪同下学员才能进行水中练习。

（三）残疾人游泳教学组织

1. 教练员与学员人数设置

残疾人参加游泳教学活动的危险系数高于健全人。他们往往在很浅的水域也会因为身体失衡等原因呛水，从而引发危及生命的事故，所以在对残疾人进行教学时，一名教练员或指导员最多负责指导8名学员。如果人数过多，教练员则无法时刻观察和保障残疾学员的动态和安全。对于残疾程度较重、脑瘫、智力残疾类学员，建议采用一对一教学的方式，并且全程在水中陪同。（见第六节）

2. 残疾人游泳教学活动方式

不同类型的残疾人在进行水中活动时采用的方法也不尽相同。不同残疾类型和程度的学员在游泳教学实践中按教学目的不同可分为康复健身组和技能掌握组，教练员应按组采用不同的教学方法和教学手段（见表3.21）。

（1）康复健身组：目标对象是重度肢残、重度脑瘫、重度智力残疾等类型的残疾人。

1）辅助运动。充分利用水的浮力，减轻残疾人体重对肢体造成的压力。当残疾人在水中活动时，浮力可以有效地起到辅助的作用，此时可做一些简单的行走和伸拉动作，使用残疾人在陆上不宜活动的肢体或动作在水中进行锻炼。

2）阻力运动。当残疾人肢体在水中的运动方向与浮力相反时，浮力就会成为肢体的阻力。在对抗阻力的活动过程中改变运动速度和利用辅助器材增大阻力面，效果会更好。

3）支托运动。当残疾人身体浮在水面做水平运动时，肢体由于受到浮力的支托，身体的部分重力被抵消，所以肢体在水中更容易做水平方向的运动。这不仅有利于残疾人进行水中活动，还可以最大限度地锻炼他们的关节、肌肉。

4）呼吸运动。利用水的环境进行水面和水面上的呼吸运动练习。

（2）技能掌握组：目标对象是轻度肢残、视力残疾、听力残疾、轻度智力残疾等类型的残疾人。

1）单一分段式循环教学模式。

单一分段式循环教学，是指在一定时间内，只教一种泳姿，按照单一泳姿的掌握顺序进行分段教学，适合初学者。例如，蛙泳第一阶段，熟悉水性，教授呼吸技术、手部动作；第二阶段，教授手臂和呼吸配合动作、腿部动作；第三阶段，教授初步配合动作、无浮具完整配合动作。按照学员掌握技术的程度，将其分配在不同阶段的组中进行学习。

2）相似动作分段式教学模式。

按照泳姿的划分，蛙泳和蝶泳属于短轴泳姿，爬泳和仰泳属于长轴泳姿，相似动作就是同为长轴或同为短轴的泳姿。相似动作分段式教学适用于提高阶段的残疾学员。例如，在仰泳和爬泳教学中，第一阶段学习打水技术，即学习爬泳打水技术、仰泳打水技术；第二阶段学习爬泳划水技术、仰泳划水技术；第三阶段学习爬泳配合技术、仰泳配合技术。教学过后学员可以直接掌握动作相似的两种泳姿。

3）平行连贯分段式教学模式。

平行连贯分段式教学，是指在一段教学时间内连贯地或几乎同时进行几种泳姿的分段式教学，使学员在教学时间内，进行不少于两种泳姿的学习，这种模式既能加快教学进度，又能提高学员的学习兴趣并避免其局部肢体疲劳。这种模式中，教学过程的组织比较严密，对教练员要求较高。例如，第一阶段学习腿部技术，包括蛙泳腿技术、仰泳腿技术、爬泳腿技术、蝶泳腿技术；第二阶段学习上肢分解技术，包括蛙泳手臂技术、仰泳手臂技术、爬泳手臂技术、蝶泳手臂技术；第三阶段学习完整配合技术，包括蛙泳完整配合技术、仰泳完整配合技术、爬泳完整配合技术、蝶泳完整配合技术。此种教学模式适合有一定基础的学员。

4）单一式－平行式－单一式分段式教学模式。

单一式－平行式－单一式分段式教学，是指先学习掌握一种泳姿，之后平行学习两种泳姿，最后再学习一种泳姿的教学模式。例如，第一阶段先按蛙泳的分段式教学模式学习蛙泳；第二阶段学习仰泳、爬泳平行教学；第三阶段学习蝶泳技术动作。此种模式主要按照泳姿技术掌握的难易程度进行教学，在教学中很常用。

表3.21 不同残疾类别和程度的残疾人适宜的泳姿

残疾种类＼锻炼目的		俯漂/仰漂 康复为主	仰泳 康复、掌握技能	蛙泳 掌握技能	爬泳 掌握技能	蝶泳 掌握技能
肢体残疾	1级	适宜	适宜	视具体情况	视具体情况	不适宜
	2级	适宜	适宜	视具体情况	适宜	视具体情况
	3级	适宜	适宜	适宜	适宜	视具体情况
	4级	适宜	适宜	适宜	适宜	适宜
视力残疾		适宜	适宜	适宜	适宜	适宜
听力（言语）残疾		适宜	适宜	适宜	适宜	适宜
智力残疾		适宜	适宜	寰枢关节失稳的不适宜	适宜	寰枢关节失稳的不适宜
精神残疾（特指孤独症）		适宜	适宜	视具体情况	适宜	视具体情况
多重残疾		适宜	适宜	不适宜	视具体情况	不适宜

（四）残疾人游泳教学的顺序

1. 泳姿的教学顺序

根据残疾人游泳教学的心理特点，残疾人先需要接受心理辅导，之后进行熟悉水性的练习，再开始学习各种泳姿。对于先学哪种泳姿，需要根据残疾人的伤残等级、年龄、技术基础、教学条件和教学时间来确定。

根据表3.21所示，漂浮（俯/仰）和仰泳是大部分残疾人都适宜练习的泳姿，其动作相对简单，更容易掌握；非肢体类残疾的许多学员也可以先学习蛙泳，但在学习蛙泳之前，应先学习正确的蛙泳腿，再学习蛙泳手臂技术，最后学习蛙泳完整配合技术。爬泳对于大多数残疾人而言也是一种比较适合学习的泳姿，其呼吸技术较难掌握，一般放在仰泳和蛙泳之后学习，但也有先学爬泳的案例。蝶泳需要掌握复杂的技术动作且有较高的体力要求，残疾人掌握起来较难，一般不学习或放在最后进行学习（见表3.22）。

表3.22 残疾人泳姿教学中常见的5种顺序

泳姿的学习顺序		备注
1	熟悉水性→仰泳→蛙泳→爬泳→蝶泳	结合学员具体实际情况、残疾程度选择适合的教学顺序
2	熟悉水性→仰泳→爬泳→蛙泳→蝶泳	
3	熟悉水性→蛙泳→爬泳→仰泳→蝶泳	
4	熟悉水性→蛙泳→仰泳→爬泳→蝶泳	
5	熟悉水性→爬泳→仰泳→蛙泳→蝶泳	

2. 单个动作教学顺序

讲解示范→陆上模仿练习→水中有固定支撑的练习→水中无固定支撑的练习→水中无支撑练习。

水中有固定支撑的练习，以手扶池边或仰卧、俯卧于池边，将身体的一半放在水中进行练习为主；水中无固定支撑的练习，以扶打水板、佩戴浮具等辅助教学工具进行水中练习为主；水中无支撑练习，以分解和配合游为主。

3. 不同类型教学内容的教学顺序

（1）授新。讲授新的技术动作，以示范、讲解、陆上模仿、水中练习为主。授新课要注意运用各种方式，让学员形成所授技术动作的概念，合理安排陆上、水中的练习比例。

（2）复习。以复习巩固技术动作，提高体能为主，使学员完善动作，减少错误动作，形成动作自动化。

（3）综合。在授新后第二次课程的前半段进行复习，在学员回想、巩固上节课所学的动作后，进行再次授新，再将授新内容和复习内容进行整合练习，例如复习内容为蛙泳呼吸技术，授新内容为蛙泳划水动作，整合为蛙泳划水和呼吸配合的技术。

在进行残疾人游泳课的教学内容设计时，应始终围绕这3类教学内容合理安排顺序。

4. 单次课程内容安排

（1）开始部分：主要为课程常规内容（集合整队、师生互相问好、点名清查人数），宣布课堂目标、任务、要求，安排未能下水的学员。

（2）准备部分：主要为陆上活动，多以徒手操和陆上模仿练习为活动内容，为接下来的基本部分做充分的准备。

（3）基本部分：课程的主要部分，以课程目标为指导，对学员进行技能的授新，带领其进行复习、综合练习，要注意合理安排学员的活动量和学习内容。

（4）结束部分：指导学员进行放松活动，教练员对本节课进行总结，布置课后作业和下节课上课前需要重点预习的内容。

5. 教学文件的制定

（1）教学大纲：教学大纲是根据教学任务、教学课时数和教学要求制定的教学纲领性文件，是指导教练员进行残疾人游泳教学工作的主要依据，其内容主要包括大纲说明（前言）；教学内容、课时数、进度安排；考核内容及标准。

（2）相关措施：即保证大纲实施所应注意的事项。

（3）教学进度：是控制教学活动的依据，明确教学内容、教学时数、课次、每次课的教学内容，一般以表格形式表现（见表3.17），在确定教学进度时要注意教学内容的系统性和连贯性，教学内容的主次搭配和新旧教学内容的安排，一节课中的授新内容不宜过多。

（4）教案：以教学大纲和教学进度为指导，确定单次课程的具体教学内容（开始部分、准备部分、基本部分、结束部分），包括练习名称、练习次数、时间、动作的要点和组织教法，教学过程中的讲解和示范也要写进教案里。

需要注意的是，在制定教案时首先要了解残疾人的基本情况和教学场地的情况；课堂任务要恰当、明确，任务不宜过多；教学过程的设计要严密，避免学员进行大范围的调动；注意教法要科学、教学手段要多样；文字简练、清楚，也可用图片等形式来表现。

四、教学评价

（一）运动技能评价

运动技能评价指一节课结束、一个教学单元结束、一个教学阶段结束后对学员的技能掌握情况进行的评价，一般采用考核的评价方法。在进行运动技能评价时一定要注意，考核评价的内容一定要与教学目标、教学内容相符。如熟悉水性、呼吸的教学结束后可以做一次自主呼吸次数的评定；在手臂、腿配合教学结束后可以做一次规定距离内的技术评定；在整个教学阶段结束后可以做一次完成距离或完成时间的评定，并且在评定后对每一位学员的运动技能掌握情况进行记录。按照全国业余游泳锻炼标准的规定，初级游泳班结业标准为掌握蛙泳技术且游进距离达到25米。残疾人进行游泳考核时，相关考核人员可根据学员的残疾等级和程度制定考核指标。此外，运动技能的评价也是对残疾人游泳教学的基本评估。

（二）身体机能评价

身体机能评价是指在对残疾学员进行游泳教学后，对其肺活量、最大摄氧量、力量、速度、耐力、柔韧性等指标进行测试，将测试指标与参与游泳培训活动前的初始指标进行对比，查看是否有所改善；此外，还要对抱、拉、抓、抬、举、跑、跳、走等基本动作进行测试，对比初始指标，查看是否有动作幅度增大、协调性改善等变化，以此判断游泳教学是否对学员的身体机能产生有益影响。

（三）心理恢复评价

心理恢复评价是对参与游泳培训活动的残疾人心理活动变化的评价。判断残疾人群体常见的心理问题如自卑、自闭、孤独等，在经过游泳教学后是否好转和康复。评价方法一般为观察法或问卷法，观察法即观察残疾人是否较游泳前更喜欢与人交流、参与更多运动、参与更多集体活动、更多地接触社会、建立坚持运动的习惯等；问卷法指通过问卷的形式对残疾人进行调查，了解残疾人参与游泳运动后的心理变化。

（四）学员评价

学员评价是指学员对教学目标、教学内容、教学方法、教学效果等方面进行评价。评价方法主要为问卷法和访谈法，即根据课程教学目标、教学内容和教学方法设计好相关问题，在课后向学员发放问卷或与其访谈，从学员的角度了解其在教学过程中心理、身体上的感受和变化。当得到的反馈与预期不一致时，教练员应及时找出教学过程中存在的问题，及时调整，做到及时发现问题并解决问题。

五、教学示例

本案例以5~8名成年轻度肢体残疾人为教学对象，进行了32学时、16次课的蛙泳教学。案例中，对轻度肢体残疾人进行教学，人数最多控制在10名，如果人数再多，教学过程中危险事件发生的概率就会增加。

（一）学员情况

本次参训的学员都为成人残疾学员，因此学员基本具备较强的学习能力和一定的自制力且都为轻度肢体残疾，教练员一般可以把课堂秩序维持好，照顾到每一个学员，能够保证教学安全和教学质量。

（二）教学常规

在这种课堂教学中，教练员要采用规范的教学常规程序进行教学管理。

1. 开始部分

（1）集合整队。

（2）清点人数、记录出勤情况。

（3）教练员宣布开始上课，师生互相问好。

（4）检查泳具、教学辅助器材，安排见习生。

（5）教练员宣读教学任务、目标、内容。

2. 准备部分

集体进行准备活动主要为陆上活动，多以徒手操和陆上模仿为活动内容。

3. 基本部分

按教案内容进行教学。

4. 结束部分

进行放松活动，集合整队并进行简短有针对性的课后小结。

（三）教学进度（见表3.23）

表3.23 32学时、16次课教学进度表

泳姿	教学内容 \ 课次	1	2	3	4	5	6	7	8	9	10	11	12	13	14	15	16
蛙泳	熟悉水性呼吸练习	※	※	※													
	陆上蛙泳腿模仿练习	※	※	※	※												
	扶池壁蛙泳腿练习	※	※	※	※	※	※										
	蹬池壁滑行接蛙泳腿练习				※	※	※										
	陆上蛙泳划水模仿练习					※	※	※	※								
	水中站立蛙泳划水模仿练习						※	※	※								
	蹬池壁滑行接蛙泳划水练习						※	※	※	※							
	蛙泳蹬腿与呼吸配合练习			※	※	※	※	※	※	※	※						
	加长距离的蛙泳蹬腿练习				※	※	※	※	※	※	※						
	陆上蛙泳配合技术模仿练习					※	※	※	※	※	※	※	※	※	※	※	
	蛙泳分解配合练习					※	※	※	※	※	※	※	※	※			
	蛙泳完整技术练习						※	※	※	※	※	※	※	※	※	※	
	考核														※	※	※

（四）教案（见表3.24）

表3.24 32学时、16次课教学中的一堂课

授课周次：2周3次　授课对象：上肢残疾人1班　日期：2019.03.08　人数：5~8人

教学目标		1. 熟练掌握蛙泳腿与呼吸的配合 2. 培养学员战胜自己的心理，自信地去完成动作		
教学过程	教学时间	教学内容	分量	组织、教法及要求
开始部分	10分钟	1. 安排志愿者 2. 志愿者协助教练员准备上课器材 3. 集合、整队及清点人数 4. 宣布课的任务、安排		组织： 
准备部分	10分钟	5. 做操 （1）头部运动　（6）下蹲运动 （2）伸展运动　（7）踢腿运动 （3）转肩运动　（8）压腿运动 （4）腹背运动　（9）跳跃运动 （5）体转运动　（10）活动关节	10节	组织：同上 教法：操后讲解今天基本部分的安排和要求 要求：1.声音洪亮 2.动作规范 3.有特色 4.根据学员情况选择动作
基本部分	60分钟	6. 陆上技术模仿练习 （1）俯卧于池边，做蛙泳蹬腿与呼吸练习 要求：1）抬头吸气，收小腿至靠近臀部（先抬头后收腿） 2）蹬腿时低头呼气（先低头后蹬腿） 3）蹬夹腿时用力 4）不要忘记漂一会儿	5组×20次	组织：同上 教法： 1.讲解要领 2.示范，领做 3.指导练习，个别纠错
		（2）站立蹬腿练习 要求：体会小腿内侧的垂直蹬腿动作	10组×15次	组织：  教法： 1.讲解要领 2.示范，领做 3.指导练习，个别纠错
		7. 水中练习 （1）水中呼吸漂浮练习（在教练的辅助下，健侧手扶池边抬头呼吸） 要求：1）吸气低头、闭气，呼气抬头 2）身体漂浮于水面	5组×20次	组织：  教法： 1. 讲解要求 2. 口令指导 3. 教练员纠错
		（2）扶池边蹬腿，体会勾脚腕动作 要求：健侧手扶池边，身体放松漂浮于水面，动作由慢到快	5组×20次	组织：  教法： 1. 讲解要求 2. 口令指导 3. 教练员纠错
		（3）佩戴浮具行进间蹬腿练习 要求：健侧臂前伸持板，抬头吸气后开始第一次蹬腿，必须做到收翻慢、蹬夹快	4组×25米	组织：  教法： 1. 讲解要求 2. 口令指导 3. 教练员纠错

续表

结束部分	10分钟	1. 放松身体，集合整队，清点人数 2. 总结本次课的上课情况 3. 布置课后任务及下次课需提前预习的内容 4. 师生互道再见		组织： 
志愿者安排	志愿者协助教练员进行巡视救护活动		场地与器材	场地：游泳馆 器材：杆（教练员用于水中练习部分的教学及救护）、背漂（学员用于水中练习部分）、打水板（学生用于水中练习部分）
课后小结				

（五）教学组织

（1）教练员要根据学员肢体残疾的等级合理安排教学内容，避免安排学员完成不了的动作。

（2）教练员要把学员的活动范围始终控制在自己的教学区内，随时进行监控管理。

（3）教练员要根据实际情况选择讲解和示范位置。

（4）教练员要根据教学任务选择恰当的队形进行教学。

（5）教练员在教学中要注意时刻保证思路清晰，声音洪亮、语言简洁。

（6）教练员要对学员在练习中常出现的错误动作进行纠正并做正确动作的示范。

（7）教练员要关注所有的学员而不是个别学员，特别是残疾人学员，应随时准备好处理突发事件。

（六）考核

针对不同残疾类别和程度，教学后考核评定的标准也存在差别（见表3.25）。以轻度肢体残疾人进行32学时、16次课的蛙泳教学为例，他们在结课时一般能较熟练地掌握蛙泳技术动作，用比较协调、连贯、顺畅的动作游进50米。对于重度肢体残疾1级的学员、视力残疾1级的学员，只要其能佩戴浮具游进25米，即达到合格标准。

表3.25　不同残疾类别和程度的残疾人游泳技能毕业标准及要求（供参考）

类别 / 内容			技术动作		距离和时间标准		
			呼吸	正确泳姿	戴浮具独立游25米	独立不间断游完50米（3分30秒内）	独立不间断游完200米（不限时）
肢体残疾	1级	肢残	正确	仰泳	合格		
		重度脑瘫	建议以水中康复为主，视康复情况学习技能				
	2级		正确	仰泳、蛙泳		合格	
	3级		正确	蛙泳、爬泳			合格
	4级		正确	4种泳姿			合格

续表

类别 / 内容		技术动作		距离和时间标准		
		呼吸	正确泳姿	戴浮具独立游25米	独立不间断游完50米（3分30秒内）	独立不间断游完200米（不限时）
视力残疾	1级	正确	蛙泳	合格		
	2级	正确	蛙泳		合格	
	3~4级 4级	正确	蛙泳 爬泳			合格
听力（言语）残疾	1~4级	正确	蛙泳			合格
智力残疾	1~4级	正确	蛙泳		合格	
精神残疾	1~2级	暂不建议开展游泳活动				
	3~4级	正确	蛙泳		合格	
多重残疾	1~2级	暂不建议开展游泳活动				
	3~4级	不做毕业要求，以康复为主要目的				

第六节　残疾人游泳教学人员配置

一、参训学员、教练员、助残志愿者人数安全配比（供参考）

在进行残疾人游泳教学的过程中，由于残疾人的生理机能、运动功能、心理功能障碍等的特殊性，游泳教学中的安全性要求远远高于健全人的游泳教学。在开展残疾人游泳教学的过程中，人们逐渐摸索出不同类别的残疾人开展游泳教学时的学员、教练员和志愿者之间的一个相对合理的配置组合，既能保证残疾人学员在游泳活动中的安全，又能合理安排人力的投入，做到合理配置资源。常规游泳场馆配置的救生设备、救生员人数、区域位置都以国家游泳馆统一标准，这里不做详细介绍。本节主要介绍在可开展的不同残疾类型和程度的残疾人的游泳培训课上应配备的教练员和志愿者人数。

（1）对于肢体残疾1~2级的重度肢体残疾人，1名教练员负责1~2名学员，同时配备2名志愿者协助。肢体残疾1级、残疾程度特别重、基本没有自理能力的残疾人，建议暂不开展游泳活动。对于肢体残疾3~4级的轻度肢体残疾人，1名教练员负责8~10名学员，同时配备2名志愿者协助。

（2）对于视力残疾1~2级的重度视力残疾人，1名教练员负责1~2名学员，同时配备2名志愿者协助。对于全盲学员，为确保教学安全，必须配备1名掌握游泳技能的志愿者随身协助。对于视力残疾3~4级的轻度视力残疾人，1名教练员负责5~6名学员，同时配备1名志愿者协助即可。

（3）对于听力残疾（言语）残疾1~2级的学员，1名教练员负责3~5名学员，同时配备1名志愿者协助即可。最好志愿者可以与听力（言语）残疾学员沟通无障碍。对于听力（言语）残疾3~4级的志愿者，1名教练员负责6~8名学员，同时配备1名志愿者协助即可。最好志愿者可以与听力（言语）残疾学员沟通无障碍。

（4）对于智力残疾1~2级残疾学员，1名教练员负责3~4名学员，同时配备1名志愿者协助。智力残疾1级、交流极度困难，甚至基本无沟通的残疾人，建议暂不开展游泳活动。对于智力残疾3~4级的智力残疾人，1名教练员负责6~8名学员，同时配备2名志愿者协助。

（5）精神残疾（特指孤独症）1~2级的残疾人，由于其残疾程度较重，沟通极困难、基本无交流，建议暂不开展游泳活动。对于精神残疾3~4级的残疾人，1名教练员负责4~6名学员，同时为每位学员配1名志愿者。

（6）多重残疾1~2级的学员，由于其残疾程度较重，建议暂不开展游泳活动。对多重残疾3~4级的学员，由于其残疾程度稍轻，建议采用1对1教学模式，由1名教练员负责1名学员，同时配备1名志愿者协助（见表3.26）。

表3.26 **不同残疾类别和程度的残疾人游泳教学人员配置表**

类别	残疾程度	参训学员	教练员	志愿者	备注
肢体残疾	重度1~2级	1~2人	1人	2人	志愿者具备独立游泳能力和服务知识
	轻度3~4级	8~10人	1人	2人	志愿者具备服务能力和知识
视力残疾	重度1~2级	1~2人	1人	2人	志愿者具备独立游泳能力和服务知识
	轻度3~4级	5~6人	1人	1人	志愿者具备服务能力和知识
听力（言语）残疾	重度1~2级	3~5人	1人	1人	志愿者具备服务能力和知识
	轻度3~4级	6~8人	1人	1人	志愿者具备服务能力和知识
智力残疾	重度1~2级	3~4人	1人	1人	志愿者具备独立游泳能力和服务知识
	轻度3~4级	6~8人	1人	2人	志愿者具备服务能力和知识
精神残疾（特指孤独症）	重度1~2级	暂不建议开展游泳活动			
	轻度3~4级	4~6人	1人	4~6人	志愿者具备独立游泳能力和服务知识
多重残疾	轻度3~4级	1人	1人	1人	志愿者具备独立游泳能力和服务知识

二、各类残疾人游泳场地和安全陪护人员标准（供参考）

（一）不同残疾类别和程度的残疾人参加游泳活动的场地要求

1. 泳池标准

不同残疾类别的残疾人开展游泳活动的泳池，基本符合国家标准的25米半标和50米标准泳池均可开展残疾人游泳活动。但脑瘫的残疾人可以在康复专用泳池中开展活动。

2. 泳道人数要求

开展残疾人游泳活动时，对于泳道人数有一些要求。残疾人相对健全人来说，行动障碍是不可避免的，在泳池中进行游泳活动也会有各种障碍。所以对不同程度的残疾人来说，泳道内人数也决定着残疾人游泳活动的安全性。肢体残疾1级是残疾程度很重的残疾人，建议最好在专用泳道内活动，以确保安全。肢体残疾2~4级的残疾人在教练员的合理组织下，泳道内人数可以达到3~10人。视力残疾1级的残疾人也建议在专用泳道内活动。视力残疾2~4级的残疾人在教练员的合理组织下，泳道内人数可以达到3~5人。听力残疾的残疾人由于视力无障碍可以躲避风险，所以其泳道人数最多可以达到10人。智力残疾的残疾人由于视力无障碍、四肢健全、运动功能受到的影响较小，所以智力残疾2~4级的残疾人的泳道人数最多可以达到5人。对于智力残疾1级的残疾人，泳道人数可以在2人以内，以确保安全。精神残疾1~2级由于残疾程度较重，暂不建议开展游泳活动；3~4级残疾人的泳道内人数控制在5人以内。

3. 水深要求

由于残疾人身体机能等存在特殊性，其对泳池的水深有较高的要求。对于肢体残疾1~2级、视力残疾1~2级和智力残疾1级的学员，水深最好控制在1.2~1.4米；对肢体残疾3级、视力残疾3~4级、智力残疾2~4级和精神残疾3~4级的学员，水深控制在1.4~1.6米为宜；对肢体残疾4级、听力残疾1~4级的残疾程度较轻的学员，水深为1.6~1.8米比较合适。脑瘫残疾人最好在康复池中进行，水深最好齐腰或在0.8~1.0米。

4. 水温要求

由于残疾人的活动时间和活动距离都相对有限，所以水温对残疾人游泳活动的开展影响很大。通常健全人游泳活动的水温为26~28摄氏度，但残疾人需要的水温略高于正常水温，特别是重度残疾的残疾人，活动量有限，活动幅度有限，水温高一些为宜。肢体残疾1~2级、视力残疾1~2级和智力残疾1级的残疾人通常水温为28~30摄氏度为宜。肢体残疾3~4级、视力残疾3~4级、听力残疾1~4级、智力残疾2~4级和精神残疾3~4级的残疾人由于活动幅度受影响较小，所以对水温的要求基本与正常水温一致，即26~28摄氏度即可。

5. 浮具要求

对于不同类型残疾人的游泳活动，游泳场馆必须配备充足的浮具器材，以保证残疾人游泳活动的安全。能够独立完成50米毕业测试的学员，开展游泳活动时可以不配戴浮具。

（二）不同残疾类别和程度的残疾人参加游泳活动的陪护要求

残疾人参与游泳活动，为了保证安全，都要求配备相应的陪护人员。对残疾程度较重的学员（1~2级），必须配备陪护人员，而且陪护人员应能够独立游泳并具备及时发现、及时提醒救生员或能够独立、及时救助残疾人。残疾程度较轻的学员（3~4级），也要配备陪护人员，陪护人员可以不掌握游泳技能，但应能及时发现危险、及时提醒救生员，及时规避游泳安全风险（见表3.27）。

表3.27 不同残疾类别和程度的残疾人参加游泳活动的陪护要求

残疾类型	残疾级别		有陪护（会游泳）	有陪护（不会游泳）	无陪护	陪护人数与参训人数比
肢体残疾	1级	肢残	√			1∶1
		重度脑瘫	√			1∶1
	2级		√			1∶2~1∶1
	3级			√		1∶5
	4级				√	
视障残疾	1级		√			1∶1
	2级		√			1∶2~1∶1
	3~4级			√		1∶5
听障残疾	1~4级			√		1∶5
智力残疾	1级		√			1∶1
	2~4级			√		1∶5~1∶2
精神残疾（孤独症）	1~2级		可视具体情况开展			
	3~4级			√		1∶2~1∶1

第七节　残疾人游泳教学案例展示

个案1

张某某，7岁，来自北京怀柔信慧残疾人康复服务中心。2016年第一次来中心参加游泳培训，经过询问与功能测试，得知其身体情况为上肢肌力弱无法控制、下肢不能独立行走。经过测试，将此学员确定为重度肢体残疾组学员，主要为其设计上肢和下肢水中抗阻练习，以促进肌力改善、功能康复为主要目标，并配合水中游戏，提高兴趣，让其喜爱游泳，不对游泳技能掌握进行要求。经过康复中心的康复训练和水中游泳的练习，在2018年农历新年前夕，张某某已能独立行走，在水中的表现也更加活跃了，肌力和功能都有较大改善。

个案2

祖某某，20岁，来自北京市顺义区继民启智康复中心。2016年第一次来中心参加游泳培训活动，经过问询家长和功能测试，确定其为孤独症3级，无主动沟通，但有简单的交流，可以参加游泳培训。在近两年的游泳培训学习和多次参与水立方点亮蓝灯关注孤独症儿童的公益活动，以及观看国际跳水比赛等活动后，学员有所变化，教学前能主动跟教练员打招呼，教学过程中，沟通交流次数有所增加，其还掌握了游泳初级技能，能独立完成25米的游泳，语言表达方面能形成较短句子，对游泳的喜爱也让家长看到了孩子的变化。

个案3

王某某，肢体残疾，61岁，来自北京市迈盛悦合体育用品有限公司。2016年第一次来到中心，是抱着试试看的态度，经过身体和技能等各方面的筛查，被确定为肢体残疾1级，有3肢残，仅有一侧手臂有力，其他3肢不可控。由于他是一名重度肢残人士，我们确定为以康复为主要目标，同时根据其自身情况，可适当教授漂浮或仰泳等技能。从最初的克服心理障碍，到独立上下水、水中漂浮呼吸，再到最后独立完成带浮具仰泳25米，看得见他在一点一点地进步。经过训练，他的身体机能、心理和精神状态都有明显改善，游泳成了一项他常年坚持的运动。

个案4

国某某，23岁，来自北京赢冠口腔医疗股份有限公司。2016年来到中心参加游泳培训活动，她是唯一一位身材矮小的学员。经过身体健康和功能测试，她被确定为肢体残疾3级，可以学习游泳活动，先从蛙泳开始学习，以掌握游泳技能为主要目标。她一直有一个梦想就是能够学会游泳，可惜无处寻觅培训场所，这一次给她创造了难得的机会。经过自己的努力，她很快就掌握了蛙泳技术，并能独立完成25米游进。在游泳的培训过程中，她从刚来时的有点腼腆和自卑，逐渐变得开朗、愿意主动交流。

个案5

唐某某，47岁，来自北京市丰台区声波残障社会服务中心。唐某某是后天车祸致盲，一度非常沮丧。他偶然得知了游泳培训的消息，抱着试试看的心情加入。经过身体健康和机能测试，他被确定为视力残疾4级，可以从蛙泳学起，以掌握技能为主要目标。通过教练员的悉心教授，他很快掌握了蛙泳技能，游泳成绩也名列前茅，现在他每次游泳的运动量在1000米以上，在游泳中获得的愉悦也抚平了他的痛苦，他表示游泳给他和他的家庭重新带来了来之不易的快乐。

个案6

郜某某，20岁，来自北京赢冠口腔医疗股份有限公司。郜某某2016年来到中心参加游泳培训活动，同时来的有七八名听障学员。经过健康和残疾等级测试，他被确定为听力残疾1级，四肢健全。可以从蛙泳学起，以掌握游泳技能为主要目标。听障学员四肢健全、在身体功能上跟健全人基本一样，只是沟通和理解上相对较慢，但经过教练员科学耐心的教学训练，通过10次课的学习，他已经能独立完成25米蛙泳，毕业时能达到每节课完成800米的运动量。他时常与听障学员通过手语交流经验，将自己的体会分享给进度慢的学员，共同提高，虽然听不到声音、不能用语言表达，但是看到教练员露出的笑容与给予的拥抱，他可以知道自己获得了教练员的认可。

扫码听音频

第四章

残疾人游泳赛事组织

第一节　残疾人游泳裁判法

一、裁判设置

在国际残奥委会主办的比赛中，技术代表、助理技术代表及技术官员全部由国际残奥委会游泳项目委员会任命，具体岗位设置如下（个别岗位可根据需要增加人数）：总裁判2名、控制室监督1名、发令员2名、转身检查长2名（泳池两端各1名）、转身检查员若干（每条泳道的泳池两端各1名）、技术检查员4名、检录员2名、主分级师1名、分级小组1组（如需要）、宣告员1名（如需要）。

在由国际残奥委会主办的比赛及国际残奥委会游泳项目委员会批准认可的比赛中，当地组委会在国际残奥委会游泳项目委员会同意的情况下，可在国际残奥委会游泳项目委员会的指导下选派所需裁判员和管理整个赛事的相关工作。

二、裁判员的职责

（一）技术代表（TD）和助理技术代表（ATD）

由国际残奥委会游泳项目委员会委派技术代表，技术代表负责赛事的所有技术事宜，组织各部门工作，确保赛事符合国际残奥委会游泳项目的规则。

在比赛中，技术代表有权根据判断将特例代码分配给一名运动员。这些特例代码仅可用于当次比赛且不在国际残奥委会游泳项目的运动员分级总名单当中。

如果国际残奥委会游泳项目委员会设置了助理技术代表，则由技术代表决定其职责。

（二）总裁判

总裁判需全面领导和管理赛事的全体裁判员，明确各个裁判岗位的任务和职责，确保竞赛规则的顺利执行，及时解决比赛中出现的相关问题。总裁判有权解决和决定国际残奥委会的游泳规则中没有明文规定或未详尽说明的问题。

在比赛中，总裁判可随时对比赛进行干预，确保国际残奥委会游泳项目章程和竞赛规则得以顺利执行，其对比赛中的所有技术抗议有裁定权。

在比赛名次出现问题时，总裁判有权决定比赛名次。如果比赛采用自动计时装置（AOE），则按照自动计时相关程序规定执行。

当发现缺席或不称职的裁判员，总裁判有权对其进行替换，同时可根据情况增补裁判员。

总裁判和发令员负责检查运动员的出发犯规情况，当有运动员出发犯规时，总裁判需在与发令员确认后做出判罚。

总裁判根据本人的观察及其他裁判员的观察报告，有权对犯规运动员进行取消比赛资格和录取资格的判罚。

（三）控制室监督

控制室监督负责准确无误地印发比赛秩序单和成绩公告单，其中包括弃权、犯规、抗议结果、级别的改变等事宜。

控制室监督负责自动计时装置运行的监控和对录像计时系统的查看；对打印出来的比赛结果进行核对；对接力交接棒情况进行核查；发现抢跳犯规情况及时向总裁判报告。在需要时，控制室监督有权查看录像计时系统，确认抢跳情况；记录无故弃权运动员。

（四）发令员

发令员负责监督、管理由总裁判发出手势信号后至比赛开始这一阶段的运动员。

当发现运动员在出发时有犯规行为，发令员应及时向总裁判报告情况。

发令员对运动员出发时的犯规动作有判定权，但须与总裁判的观察判定一致。

发令员位于比赛泳池的侧面，在运动员出发端5米以内，发令时需使运动员和计时员能够清晰地听到或看到出发信号。

（五）检录员

检录员负责在每项比赛开始前召集、组织运动员。

发现运动员缺席检录或泳装违反有关规定时，应及时向总裁判报告情况。

运动员入水后负责组织志愿者将运动员衣物移至候赛席。

每组比赛后督促运动员起水，召集获奖运动员，将其引导至颁奖仪式位置。

（六）转身检查

1. 转身检查长

转身检查长负责全面管理、监督转身检查员在比赛期间的各项工作，并协助转身检查员观察运动员是否在出发、转身和抵达终点阶段出现犯规动作。

转身检查长发现运动员有犯规情况，应及时向总裁判报告，并将犯规检查表填写完毕后签字上交总裁判。

2. 转身检查员

每条泳道两端各配一名转身检查员，负责观察运动员出发、转身和抵达终点阶段的动作是否符合规则。

出发端转身检查员负责观察运动员从出发入水至第一次手臂动作完成的过程是否有犯规情况，蛙泳则观察至第二次手臂划水动作完成。

转身端转身检查员负责观察、监督运动员每次转身触壁前从最后一次手臂动作开始到转身后第一次手臂动作完成的转身过程中是否有犯规情况，蛙泳则检查至手臂第二次划水动作完成。

终点端转身检查员负责观察、监督运动员抵达终点前从最后一次手臂动作开始至触壁结束的过程中是否有犯规情况。

在使用仰泳出发器的情况下，安装和回收仰泳出发器的工作由出发端转身检查员负责。

在800米和1500米的个人比赛项目中，转身端转身检查员需记录所在泳道运动员完成的趟数，并用报趟牌向运动员提示所剩趟数，也可使用符合赛事要求的水下显示器等电子设备。

在800米和1500米的个人比赛项目中，出发端转身检查员也需要记录所在泳道运动员所完成的趟数，在运动员到达终点前105米时，需用铃声或哨声向运动员发出连续的提示信号，直至该泳道运动员转身后游至终点前5米处。

当有听力残疾的运动员在800米和1500米的个人比赛项目中，游至终点前105米时，出发端转身检查员需用可视信号发出提示。

在800米和1500米的个人比赛项目中，当既有听力残疾又有视力残疾的运动员到达终点前115米时，出发端转身检查员需通知其提示员。提示员负责提示运动员还有100米完成比赛。

当转身检查员发现犯规情况时，应及时向转身检查长报告，然后填写犯规检查表并签字后上交总裁判。

（七）技术检查员

技术检查员应位于比赛泳池两侧。

技术检查员负责观察、监督运动员在比赛游进中的泳姿和动作是否有犯规情况，同时协助转身检查员观察、监督运动员出发、转身和抵达终点的动作是否有犯规情况。

技术检查员发现犯规情况时，应及时向总裁判报告，并将犯规检查表填写完毕后签字上交总裁判。

（八）计时

1. 计时长

计时长负责全面管理、监督计时员在比赛期间的各项工作，包括分配所有计时员所负责的泳道及位置。

在每组比赛完成后，计时长需迅速收齐各泳道填写好的比赛卡片，必要时有权检查计时员的秒表。同时需记录和检查每条泳道比赛卡片中填写的正式成绩，并及时向总裁判报告。

计时长必须对每组最快的运动员计取成绩。

计时长应提前设置替补计时员，以防特殊情况发生。

2. 计时员

计时员需按照人工计时、半自动计时装置、自动计时装置的方法和规定，计取所在泳道运动员的比赛成绩。

发令员发出出发信号后，计时员应立即启动计时秒表，在运动员触壁抵达终点时，计时员立即按停计时秒表。在计时长的组织管理下，计时员对100米以上的比赛项目记录分段成绩。

每组比赛结束后，计时员应立即填写比赛卡片并上交计时长。当计时长要求检查计时秒表时，应配合接受检查。当听到总裁判吹响短哨声示意下一组比赛开始时，计时员才可将计时秒表回表。

（九）终点裁判员（根据国际残奥委会游泳项目委员会需要配备）

每组比赛结束后，终点裁判员负责观察、记录运动员的名次并上报总裁判。

（十）主分级师和分级小组

在赛前，对残疾人运动员按照国际残奥委会游泳项目委员会的分级标准进行分级。

注意：除竞赛规则有特殊规定外，每一位技术官员必须客观、独立、自主地对赛事运动员的犯规情况做出判罚。

第二节　残疾人游泳赛事风险防范

一、赛事组委会和场地安全措施

（1）组委会要求参赛单位提供参赛人员体检证明及人身意外伤害保险的相关证明或签订安全协议书，符合要求方可参赛。

（2）赛事组委会根据比赛的规格、规模和参与比赛的运动员的残疾类别和级别设定符合参赛运动员参加的比赛项目，这样可以大大降低安全风险。

（3）参赛运动员要达到赛事组委会要求的最低运动技能水平标准，并且组委会要对其进行医学功能分级，对参赛运动员的功能水平、运动水平做到清楚了解也可以保证比赛的公平公正，降低比赛风险。

（4）选择适合的比赛场地进行比赛，赛场要有明显的路线标识和引导员，保证场内安全。如群众性的残疾人游泳比赛，可以选择在具备垫层的泳池中进行比赛，并配备无障碍装置、安全救生器具、充足的辅助器具（轮椅、盲杆等）、无线扩音器、显示大屏幕等，适用于不同残疾类型的运动员，这样可以大大降低比赛的安全风险。

（5）按人数配备充足的志愿者、救生员和陪护人员，确保比赛安全进行。

（6）配备医疗急救人员，对突发的医疗事故进行紧急处理，避免耽误急救的黄金时间，将风险降至最低。

二、参赛单位和参赛者个人的安全措施

（1）参赛单位和参赛者个人需熟知该次比赛的竞赛规程、规则和注意事项，参赛者对本人参赛的项目、时间、地点的具体要求应了解清楚。

（2）如实上报参赛者本人的身体健康状况、签署的安全协议、个人意外伤害保险证明等信息。

第三节 群众性残疾人游泳赛事案例展示

一、参加各类健全人群众性竞技比赛

参加英东、水立方京津冀北京市民群众性游泳比赛。普通残疾人参加健全人的群众游泳比赛的为数不多，2016年，在中国残疾人体育运动管理中心培训的优秀学员首次参加了英东游泳馆组织的群众性游泳比赛；2018年，在水立方组织的京津冀北京市民群众性游泳比赛中，残疾人成功完赛，运动成绩都有不少进步，完美展现了残疾人不屈不挠的拼搏精神，受到了全体运动员、裁判员和观众的欢迎。

二、参加北京市第十届残疾人运动会

参加于2018年9月21日在北京市残疾人文化体育指导中心隆重开幕的4年一届的北京市第十届残疾人运动会。中心游泳俱乐部共选派10名运动员，主要是肢残学员，代表东城区参赛的有7人，代表丰台区参赛的有3人，共参加了男子S7、S8级50米和100米自由泳，女子S7、S9级50米和100米自由泳，男子SB4、SB7级100米蛙泳，女子SB5、SB7、SB9级100

米蛙泳和男子S7、S8级100米仰泳，女子S7级100米仰泳共8个项目的角逐，收获了6金、4银、1铜的好成绩。

三、参加第二届“泳往直前”助残日活动

为了能让智力残疾、视力残疾、精神残疾和脑瘫儿童等各类别残疾人有机会参与游泳比赛活动，每年的12月3日国际助残日，体管中心都会举行游泳活动，为残疾人提供更多展示自己的舞台，让他们从游泳锻炼中体会快乐，体会到尊重，真正融入社会。

扫码听音频

第五章

残疾人游泳运动的营养需求与恢复

第一节　残疾人游泳运动的营养素需求

残疾人在参与游泳活动时，应正确认识营养补充的重要性，了解基础的营养学知识，从而能在营养师等专业人士的指导下，结合自身特点，形成适合自己的营养补充策略，使身体机能等各方面得到更好的恢复和改善。

一、游泳运动的能量消耗

游泳是一个比较好的有氧健身项目，游泳者凭借自身肢体动作和水的反作用力在水中运动。游泳运动在水里进行，通常池水温度（22~28摄氏度）远低于身体温度，这会导致运动员热量散失过快，能量消耗较大。低于环境温度的水温会对食欲产生刺激，这使得人在游泳后摄入能量较多。游泳速度越快，承受阻力越大，能量消耗也就越多。在同样的时间、强度下，游泳比陆地运动消耗的能量更多。不同泳姿相比，蛙泳和蝶泳消耗能量更多（见表5.1）。

表5.1　**游泳项目的能量消耗（千卡/分）（1千卡≈4186焦耳，后同）**

游泳项目	能量消耗
蝶泳	11.55
踩水：快速用力/蛙泳/自由泳：快速用力	10.5
自由泳：慢速，轻度或中度用力/仰泳	7.35
在湖/海/江中游泳	6.3

（源自：国家体育总局.运动健身的能量消耗[M].北京：人民体育出版社，2013.）

二、碳水化合物

（一）碳水化合物的来源

食物中碳水化合物主要来源于谷类、薯类、水果和蔬菜。其中谷类、薯类中的碳水化合物主要是淀粉，蔬菜、水果中含有果糖、膳食纤维、果胶等。

不同碳水化合物被机体吸收的速率不同，葡萄糖可直接被人体吸收，有利于肌糖原的合成；果糖的吸收比葡萄糖更慢，主要为肝脏所利用；淀粉类食物或低聚糖被消化吸收的速度慢，具有缓释作用，不会引起血糖的突然波动（张钧，2006）；膳食纤维能降低葡萄糖的吸收速度，使进餐后血糖不会急剧上升。

（二）碳水化合物的生理功能

碳水化合物是机体生存的主要“燃料”，在人体中的主要作用如下。

（1）为运动训练提供能量。

（2）碳水化合物是大脑的唯一能量来源。

（3）碳水化合物是红细胞的唯一能量来源。

（4）在大量及高强度训练时提供充足能量，减少肌肉蛋白质的分解。

（5）其代谢中间产物可刺激能量代谢并促进脂肪彻底氧化，从而减少酸性产物堆积。

（6）充足的碳水化合物可增强免疫功能。

（三）碳水化合物与运动能力

碳水化合物在人体内的储备量非常有限，以肌糖原形式存在的碳水化合物有300~500克，以肝糖原形式存在的有100克，以血糖形式存在的有10~25克。运动前补糖可以提高体内肌糖原和肝糖原的储备量，增加血糖来源，有效预防中枢疲劳，避免低血糖的发生；运动中补糖能够维持血糖水平，缓解中枢疲劳，增强耐力；运动后补糖可以促进肌糖原合成，加快体力恢复（Burke LM，2011）。

在较长时间、中高强度的运动中，疲劳的出现往往就是碳水化合物储备耗竭导致的。因此，在运动阶段必须保证碳水化合物的全天充足供应。游泳爱好者每日膳食碳水化合物提供的能量占总能量的50%~60%。

三、蛋白质

（一）蛋白质的来源

蛋白质的食物来源包括植物性蛋白和动物性蛋白两大类。

植物性蛋白主要来自谷类和豆类食物。谷类食物蛋白质含量为10%，但是赖氨酸含量较低，并非优质蛋白质来源。豆类食物蛋白质含量较高，为30%~40%，氨基酸比例合理。

动物性蛋白来自肉类、蛋类及奶类食物，其中鱼、禽、畜蛋白质含量为15%~22%，奶类食物的蛋白质含量大约为3%，蛋类食物的蛋白质含量为11%~14%，它们均是优质蛋白质的重要来源。

最好的低脂肪优质蛋白质食物是去皮鸡肉、鱼、蛋清、脱脂奶。最好的含优质蛋白的营养补充品是乳清蛋白、初乳、酪蛋白（运动膳食与营养编写组，2016）。

成年人蛋白质的每日推荐摄入量（RDA）为0.8~1.0克/千克体重。经常从事体育运动的人群，蛋白质消耗更多，可以摄入标准上限的量。优质蛋白质的摄入量应占蛋白质总摄入量的1/3以上。

（二）蛋白质的生理功能

（1）构成和修复机体组织。蛋白质占成人体重的16%~18%，是骨骼、肌腱、韧带、骨骼肌的组成基质。

（2）调节生理机能。有很多功能性蛋白质，例如，血红蛋白、肌红蛋白运输氧气，肌球蛋白参与肌肉收缩，免疫球蛋白参与免疫防御，胰岛素、生长激素等蛋白质调节物质能量代谢。

（3）供给能量。蛋白质是人体供能物质之一，其供能占人体总供能的10%~20%。能量代谢并不是蛋白质的主要功能，只有当机体碳水化合物摄入不足且脂肪储存不足时，机体才分解蛋白质（运动生物化学编写组，2016）。

（三）蛋白质与运动能力

长时间的有氧运动会使总尿素的排泄量上升，蛋白质分解代谢加强，从而增加蛋白质的需求量；短时间爆发力训练需要一定的肌肉力量，要求肌肉蛋白质的合成速率大于分解速率，因此也会增加蛋白质的需求量。

蛋白质的合成和分解速率决定了肌肉的大小，当合成快于分解时，肌肉增长。摄入大量蛋白质提升饱腹感，提升食物热效应，保证肌肉量稳定，可达到降低体脂率的效果。

运动过程中，由于细胞破坏增加、肌蛋白和红细胞合成代谢亢进以及应激时激素和神经调节等反应，容易出现疲劳、乏力、感冒、免疫力下降等亚健康症状，这也会增加蛋白质的需求是（杨则宜，2008）。

四、脂肪

（一）脂肪的来源

膳食脂肪主要来源于动物性食物，包括动物油（猪油、牛油、鱼油、奶油）及骨髓、蛋黄中的脂肪等，这类脂肪主要由饱和脂肪酸组成，容易沉积在动脉内膜，造成动脉硬化；含有膳食脂肪的植物性食物包括植物油（豆油、花生油、芝麻油）、坚果（花生、核桃、大豆等）等食物。人体不能合成而必须从食物中获得的脂肪酸包括亚麻酸（主要来源为茶油、橄榄油等植物油）和亚油酸（主要来源为深海鱼油），它们有降低胆固醇、降血脂和预防血栓的作用。

成年人的脂肪摄入量应占总能量的20%~30%，饱和脂肪酸摄入量应低于总能量摄入的

10%。在寒冷环境中可提高脂肪供给量，但是不应该超过35%。超重和肥胖人群应通过限制脂肪摄入降低总能量摄入。

（二）脂肪的生理功能

脂肪是人体三大产能营养素之一，是机体所必需的营养素，其主要生理功能如下。

（1）供给能量。1克脂肪供能9千卡。与碳水化合物、蛋白质相比，脂肪的能量密度最高，1克脂类含有的热量相当于1克糖类、蛋白类所含热量的2倍多。

（2）构成身体成分。脂类中的胆固醇和磷脂是细胞膜的重要组成成分。

（3）脂肪提供必需脂肪酸，促进脂溶性维生素的吸收。

（4）脂肪提供饱腹感，改善食物感官，增加食欲。

（5）脂肪维持体温，保护器官。

（三）脂肪与运动能力

随着运动强度的加大，脂肪供能越来越少，碳水化合物供能越来越多。运动的时间越短，脂肪的供能越少；随着运动时间的延长，脂肪供能增多（见表5.2）。运动时使脂肪供能提高的营养补剂为增强激素敏感脂肪酶活性、促进脂肪分解、节省糖原利用的咖啡因，以及将长链脂酰辅酶A转运至线粒体氧化供能的肉碱（运动生物化学编写组，2016）。

表5.2 在不同距离禁食状态下运动时的脂肪动用水平

运动距离	甘油三酯
长距离>60分钟	较高
中距离30~60分钟	中等
短距离<30分钟	较低

（源自：Campbell BI, Spano MA. *NSCA's Guide to Sport and Exercise Nutrition*. Illinois: Human Kinetics, 2011.）

五、维生素与矿物质

（一）维生素

1. 维生素的分类与膳食来源

维生素根据溶解性能不同，可以分为水溶性维生素（维生素B族、维生素C）和脂溶性维生素（维生素A、维生素D、维生素E、维生素K）。维生素大多不能在体内合成，必须从食物中摄取。除精制糖以外，几乎所有食物都含有维生素，如新鲜的蔬菜和水果、蛋、奶、粗杂粮、瘦肉，甚至一些油类中也含有大量的维生素。总之，多样化的食物有助于获得丰富的维生素。

2. 维生素与运动能力

水溶性维生素在体内储存较少，从肠道吸收进入人体后，多余的部分大多通过尿液排出。维生素B族（如维生素B_1、维生素B_2、维生素B_6、烟酸等）一方面可以协助能量代谢，保证运动能力；另一方面可以维持红细胞的正常生长和功能，如维生素B_6、维生素B_{12}、叶酸。维生素C能预防肌细胞受损，缓解肌肉疲劳，同时具有抗氧化、提高免疫力的功能。

脂溶性维生素溶解并储存在机体的脂肪组织中，维生素A对于维持视力、应激能力、免疫力有重要作用；维生素D可以调节钙磷代谢，对于游泳项目，需要安排适当的户外训练，这样有助于骨骼的生长发育；维生素E具有抗氧化功能，可减少运动中大量自由基的侵害，维持免疫功能。

（二）矿物质

1. 矿物质的分类与膳食来源

人体需要的矿物质有20多种，其根据在体内含量的多少，分为宏量矿物质（钙、磷、钾、硫、钠、氯、镁）和微量矿物质（铁、锌、硒、铜、碘、锰等），它们在人体内各司其职，缺一不可。不同的食物中有不同含量的矿物质：奶类、豆类等食物含有丰富的钙；绿叶蔬菜、粗粮、坚果、肉类等食物含有丰富的镁；食物中铁的吸收率整体较低，动物性食物中存在血红素铁，植物性食物中存在非血红素铁；贝壳类海产品、瘦肉、动物肝脏、谷类胚芽是锌的极好来源；钾的膳食来源相对广泛，其中蔬菜和水果中的含量较丰富（运动膳食与营养编写组，2016）。

2. 矿物质与运动能力

矿物质虽然不能提供能量，但是它对维持机体正常功能具有重要作用。

铁在机体中参与氧转运过程，缺铁会导致缺铁性贫血，身体机能变差，严重时会影响人体的免疫功能。

钙是构成骨骼的核心成分，它同时在体内维持体液的平衡，缺钙会导致肌肉力量下降，神经兴奋性下降，影响骨骼的生长发育。

钠是保持细胞外体液体积的主要离子，能够维持酸碱平衡，它同时在肌肉收缩、神经传导的过程也起着重要作用，缺钠会导致在运动中发生痉挛和低血钠症。

钾影响着肌肉神经细胞的兴奋性，维持细胞内的渗透压、酸碱平衡和电离子平衡，维持心肌的正常功能。

锌参与睾酮合成、伤口愈合，缺锌会导致生长发育迟缓、免疫力下降、肌肉生长缓慢。

运动中大量出汗会导致电解质流失，其中最容易缺乏的是镁，镁能被吸收进入细胞中，其与细胞能量制造过程中的多种酶系统的活性密切相关，能够起到放松肌肉、延缓酸痛的作用（运动膳食与营养编写组，2016）。

（三）维生素和矿物质的需要量

已经证实，缺乏维生素、矿物质会导致运动能力下降。一般摄入平衡膳食的人群不需要再额外补充维生素和矿物质，但是长时间剧烈运动的人群因出汗较多，对水溶性的维生素和矿物质的需求量增加，应该阶段性地监测体内的维生素和矿物质水平。如果当前处于饮食不规律、减控体重的状态，建议适当补充维生素、矿物质，每日维生素、矿物质的推荐量见表5.3及表5.4（中国营养学会，2016）。

表5.3 我国居民（18~49岁）每日维生素推荐摄入量

维生素A（微克RE）	维生素B_1（毫克）	维生素B_2（毫克）	维生素C（毫克）	烟酸（毫克）	维生素E（α-TE）	维生素D（微克）
男：800 女：700	男：1.4 女：1.2	男：1.4 女：1.2	100	男：12 女：15	14	10

表5.4 我国居民（18~49岁）每日矿物质推荐摄入量

钾（毫克）	钠（毫克）	钙（毫克）	铁（毫克）	锌（毫克）	镁（毫克）	硒（微克）
2000	1500	800	男：12 女：20	男：12.5 女：7.5	330	60

第二节 残疾人游泳运动的营养恢复策略

一、保证能量供应

（一）保证充足的碳水化合物

糖作为人体的供能物质，在无氧、有氧条件下均可产生能量，而且无论是在供能效率上还是在氧气的利用率上均明显高于脂肪。另外，糖氧化的最终产物对人体内环境的影响较小，所以糖能够成为人体的主要能源物质。

（二）运动期间碳水化合物的补充

在运动阶段要保证餐餐有主食，多摄入主食，包括谷类、薯类、水果和根茎类蔬菜，同时要注意粗细搭配，保证全谷物和杂豆类食物的摄入量，预防维生素、矿物质的缺乏。采用多餐制可以保证能量和营养素的总量，维持胰岛素平稳释放，促进肌肉增长，这种餐制很适合长时间运动的人群，在运动间歇可选择容易消化吸收的半流质食物或运动饮料。

运动前1~4小时，通过膳食或运动饮料补充碳水化合物，摄入量为1~4克/千克体重。

运动中根据运动时长的不同，补充碳水化合物的量就不同，如果是30~60分钟的运动，可进行少量膳食补充或用运动饮料漱口即可；1~3小时的运动，每隔1小时补充30~60克碳水化合物；当运动时长超过3小时，则每隔1小时补充90克碳水化合物。

运动后有较高的血糖和胰岛素反应，可以促进糖原的快速恢复，在运动后应立刻补充1~1.5克/千克体重的碳水化合物（Burke LM，2011）。

二、保持良好的水合状态

国际奥委会一致认为，脱水状态在多数情况下会降低运动能力。对于游泳运动来说，在室内高温、高湿的环境下，运动对水和电解质的影响更为明显。

脱水对运动能力的影响程度与失水量的多少及训练水平有关。一般来说，脱水达体重的2%时，运动能力即受到轻微损害；当脱水超过体重的5%时，运动能力下降30%；若脱水达到体重的7%，则虚脱、晕厥的可能性大大增加。

（一）水合状态的评价

口渴的感觉滞后于体内的水分变化，一般当机体感到口渴时，身体已经丢失2%~3%的水分，所以不能以“感觉”来判断身体是否缺水，正确的方法是记录体重变化和观察尿液颜色。

（二）体重变化

当人体的能量摄入与消耗一致时，体重是处于恒定状态的。通常建议在运动前后称量体重（最好是裸重），通过体重的增加或减少计算尿量和体液的摄入量。当（运动前体重 – 运动后体重）大于2%的运动前体重时，机体已经脱水。

（三）尿液颜色

用尿液颜色反应机体的水合状态，非常便捷、易操作。运动者只需将自己的尿液颜色与尿液颜色评分图（见图5.1）对比即可，可快速、及时地判断自己是否处于脱水状态以便及时补液。

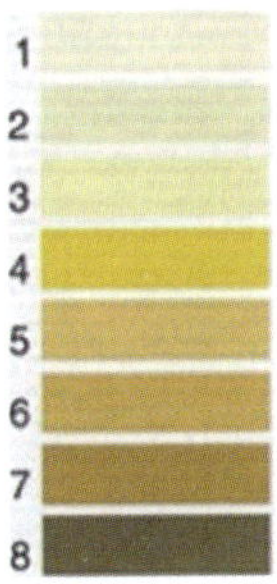

使用说明（张文栋，2014）

a. 每天测量两次以上，两次至少间隔1小时，连续两次测得值相近时，该值可用。

b. 评估尿液颜色前的几个小时最好保证机体摄入和失去水分处于动态平衡。

c. 操作步骤：收集尿样将其放于透明杯子中，将杯子放于明亮处，与尿液颜色评分图进行对比。

d. 参考标准。

1~3：水合优良。

4~5：水合一般。

6~8：脱水状态。

图5.1 尿液颜色评分图

（四）补液方法

运动排汗的同时，会丢失部分电解质（主要为氯化钠，还包含钾、钙和镁），这会影响运动表现（Maughan RJ，1994），所以补液时最好不要单纯补充白水，也尽量少选择果汁、碳酸饮料等不利于吸收的液体，而运动饮料含有适量的糖和电解质，易于快速吸收，是较好的选择。

美国运动医学会（ACSM）提出，经常锻炼的人群在运动前、中、后补水可以达到最佳运动效果。运动前4小时，需要补充5~7毫升/千克体重，如果尿液颜色深、尿量少，在运动前2小时再补充3~5毫升/千克体重。在运动中遵循少量多次的原则，每隔15~20分钟补充150~200毫升。运动后根据体重的变化补充，体重每降低1千克，应按照体重丢失的1.5倍来补充。

三、促进疲劳消除

（一）运动疲劳的类型

1982年，在第五届国际运动生物化学会议上将运动性疲劳定义为：机体生理过程不能持续其机能在特定水平上或不能维持预定运动强度。根据疲劳发生部位，运动疲劳可以分为中枢疲劳（主导地位）和外周疲劳，中枢兴奋性下降是外周－骨骼肌做功能力降低的主要原因，而外周疲劳的发生又会加剧中枢疲劳。

长时间运动中枢疲劳的发生概率更大。大脑血糖水平下降、抑制性神经递质增加，降低中枢神经系统的调节能力。

高强度运动对外周疲劳的影响更大。神经肌肉节点中调节兴奋－舒张的乙酰胆碱释放不足进而影响肌肉做功能力；机械牵拉、能源物质消耗、乳酸堆积、自由基数量增加导致细胞膜损伤，通透性增加从而产生肌肉损伤；运动过程中钙离子释放减少也会制约肌肉收缩。运动性疲劳的产生往往伴随着延迟性肌肉酸痛症状。

（二）促进疲劳消除的营养干预手段

人体在“疲劳－恢复－再疲劳－再恢复”的良性过程中得到发展。及时合理的营养补充措施不仅可以延缓疲劳的出现时间或减轻疲劳的程度，而且能使疲劳快速消除、使体能迅速恢复，从而保证次日的正常工作和生活。

促进运动疲劳消除首先应解决代谢产物的堆积，代谢物包括乳酸、自由基、氨等。其次应解决肌肉合成修复的问题，包括肌肉做功能力下降及肌肉酸痛症状。

加速代谢产物清除的方法有以下几种。增加肌肉血流速度快速供氧，加速营养物质运输——通过碳水化合物、蛋白质增强胰岛素合成能力，可以加快骨骼肌血液流速；通过抗氧化剂清除体内自由基，即谷胱甘肽、β－胡萝卜素、维生素E、维生素C、番茄红素以及抗氧化酶的组成成分（特别是硒与锌）。

运动后肌肉组织主要呈分解代谢状态，在运动后45分钟内摄入合理的营养激活胰岛素的敏感性，可以使肌细胞由运动中的分解代谢状态迅速转化为合成状态，从而实现肌肉的超量恢复。

运动后45分钟内是营养最佳化时期和代谢敏感期。胰岛素是关闭分解代谢和开启合成代谢的关键。摄入碳水化合物、蛋白质将最大限度地刺激胰岛素分泌并减少皮质醇释放。肌肉损伤会限制糖原和蛋白质的合成，导致过度肌肉酸痛。摄入含有抗氧化剂、谷氨酰胺的碳水化合物和蛋白质饮料比普通碳水化合物饮料更能抑制自由基的生成。

根据营养择时系统推荐的营养恢复组成见表5.5。

表5.5 根据营养择时系统推荐的营养恢复组成

时期	目标	营养素
运动后45分钟内	代谢系统分解转合成	乳清蛋白
	增加血流量，加速代谢废物清除	亮氨酸
	恢复肌糖原储量	碳水化合物
	减轻肌肉损伤	谷氨酰胺
	保护免疫系统	维生素C、维生素E

（源自：Ivy J，Portman R. Nutrient Timing: The Future of Sports Nutrition . Basical Health Publications，Inc，2004.）

因此，促进运动后的疲劳恢复有三大营养对策：系统补糖、及时补充蛋白质、补充抗氧化剂。

系统补糖：每天运动后注意通过主食的摄入和运动饮料的饮用来合理地补充糖，促进运动后糖原的再合成，从而延缓疲劳出现的时间、保证体力迅速恢复。

及时补充蛋白质：建议在运动后45分钟内服用按蛋白质和糖1∶4的比例混合成的饮料，运动后的一餐应重视主食以及鱼、禽、蛋、奶等富含优质蛋白质的食物的摄入，及时补充糖与蛋白质对减轻运动后的肌肉酸痛、促进疲劳消除具有良好效果。

补充抗氧化剂：通过富含抗氧化成分的食物提高机体抗氧化能力，改善运动疲劳或肌肉损伤等肌肉无力问题。食物中具有抗氧化作用的化合物见表5.6。

表5.6 食物中具有抗氧化作用的化合物

化合物	食物来源
硫化丙烯	大蒜和洋葱
类胡萝卜素	胡萝卜、香芹、橙和绿色蔬菜
类黄酮	浆果类、柠檬、苹果和葡萄
吲哚	花椰菜、卷心菜和芽甘蓝
硫氰酸酯	山嵛葵和萝卜

续表

化合物	食物来源
番茄红素	番茄和西瓜
白藜芦醇	草莓、蓝莓、红色和紫色的葡萄

（源自：梅琳达·玛诺，等.运动营养与健康和运动能力[M].曹建民，等译.北京：北京体育大学出版社，2011.）

四、保持理想体重

（一）体重和身体成分

身体由不同成分（包括水、肌肉、脂肪、骨骼、神经组织、肌腱等）构成，不同成分的密度不同。从功能角度来看，身体成分一类无水，主要以脂肪位置为主；另一类富含水且脂肪含量极少的组织，主要为富含水、蛋白质、矿物质的骨骼、心脏和器官的去脂体重（丹·贝纳多特，2019）。

当能量摄入超过能量消耗导致体内脂肪蓄积过多而致体重超过正常值时，则称为肥胖。肥胖对机体的影响是多方面的，几乎涉及全身各个系统。体重过重和体脂过多是超重和肥胖的基本临床表现。肥胖最常见的并发症有内分泌代谢系统疾病——2型糖尿病、血脂代谢紊乱等；心脑血管疾病——冠心病、高血压等；呼吸系统疾病——睡眠呼吸暂停综合征等；消化系统疾病——脂肪肝等；各种肿瘤；关节病变以及神经系统病变。

（二）理想体重的判断方法

目前已建立了多种判定理想体重的标准和方法，常用的有身高标准体重法、体重指数法、腰围和腰臀比判定法及体脂百分比测试法。

1. 身高标准体重法

这是世界卫生组织（英文缩写为WHO）推荐的传统上常用的衡量肥胖的方法（杨则宜，2008），计算公式如下。

肥胖度（%）=[实际体重（千克）－身高标准体重（千克）]÷身高标准体重（千克）×100%（计算结果精确到1%）

根据肥胖度可以进行肥胖的判定（见表5.7）。

表5.7 根据肥胖度进行肥胖的判定

分类	判定标准——肥胖度
超重	10%~19%
轻度肥胖	20%~29%
中度肥胖	30%~49%
重度肥胖	≥50%

目前我国尚没有统一的标准体重数据，普遍采用的计算方法有如下两种。

（1）成人标准体重（千克）=[身高（厘米）-100]×0.9

（2）成人标准体重（千克）=身高（厘米）-100（适用于身高为165厘米以下者）

=身高（厘米）-105（适用于身高为166~175厘米者）

=身高（厘米）-110（适用于身高为176厘米以上者）

女性体重比对应的男性组别低2.5千克。

2. 体重指数法

体重指数（英文缩写为BMI）是判断肥胖的应用最广泛的指标。它以体重的千克数除以身高（单位为米）的平方（千克/平方米）来计算。体重指数（精确到0.1）的诊断标准见表5.8。

表5.8 体重指数（精确到0.1）的诊断标准（适用于中国成人）

体重指数诊断	
<18.5	消瘦
18.5~23.9	正常
24.0~27.9	超重
≥28.0	Ⅲ度肥胖

（源自：中国肥胖问题工作组数据汇总分析协作组. 我国成人体重指数和腰围对相关疾病危险因素异常的预测价值：适宜体重指数和腰围切点的研究[J]. 中华流行病学杂志. 2002,23(1)：5-10. ）

3. 腰围和腰臀比判定法

虽然关注全身的体脂总量很重要，但更重要的是脂肪的分布情况。脂肪聚集在腹部所带来的健康风险要远远高于其聚集在大腿或身体其他部位的风险。关于腹部脂肪分布的测定指标，世界卫生组织建议采用腰围和腰臀比。适用于我国的界定值为：男性腰围≥90厘米，女性腰围≥85厘米，即为成人中心型肥胖（常翠青，2003）。

4. 体脂百分比测试法

男性体脂百分比的正常范围是15%~20%，女性为25%~30%（Grodner M，2016）。国际高水平游泳运动员中男性体脂率为6%~12%，女性为10%~18%（张钧，2006）。根据体脂百分比判断成年男女肥胖程度的参考标准见表5.9。

表5.9 根据体脂百分比（精确到1%）判断成年男女肥胖程度的参考标准

人群	临界肥胖	肥胖
成年男性	20%~25%	≥25%
成年女性	30%~35%	≥35%

（源自：Wilmore JH. Body composition. In Brownell KD，Fairburn CG，eds. Eating Disorders and Obesity. New York：Guilford Press；1995: 42-45. ）

(三)理想体重的营养干预

(1)摄入能量的控制。不同年龄段的游泳运动员的每日能量消耗值为其能量需求标准(程瑞,2017)。对于超重和肥胖人群,降低体重速度如果按照每周减重0.5千克,则应每日减少摄食能量220千卡;每周减少1千克,则应每日减少摄食能量440千卡(国家体育总局,2013)。另外若将膳食总热量降低到原来的85%左右,可将热量控制在每日30千卡/千克体重。我国居民(18~49岁)膳食能量推荐摄入水平见表5.10。

表5.10 我国居民(18~49岁)膳食能量推荐摄入水平(单位:千卡)

体力活动水平	男	女
低	2250	1800
中	2600	2100
高	3000	2400

(2)调整食物结构。适当增加蛋白质的摄入,摄入适量脂肪,优选膳食纤维含量高的食物。正常情况下,碳水化合物比例为50%~65%,脂肪为20%~30%,蛋白质为10%~20%(中国营养学会,2016)。用热值低的食物取代热值高的食物,以保证蛋白质和适量脂肪的摄入,如用鸡肉、瘦牛肉、兔肉代替肥肉和五花肉,用牛奶、豆浆代替甜饮料,用鸡蛋、面包代替油条、油饼等。膳食纤维可吸水膨胀,增强饱腹感,还可降低食物的能量密度。谷物可选择玉米面、荞麦面、燕麦、莜麦等粗杂粮。每天注意摄入一定量的蔬菜、水果,以增加膳食纤维的摄入,保证食物的体积和数量,增强饱腹感,降低食物能量密度,控制减肥人群热量,如茎类蔬菜(如芹菜、小白菜、油菜)和瓜类蔬菜(如冬瓜、苦瓜、西葫芦)。

(3)采用合适的烹调方式,使食物能量和脂肪在烹调中减少,而不是增加,比如尽量采用煮、煨、炖、烤和微波加热的烹调方法,不用或少用烹调油对食物进行煎、炒、炸。

(4)改变饮食习惯。适当选择加餐,减少在外就餐的次数,不要强行摄入剩余的饭菜;严格控制零食和甜饮料的摄入,少吃或不吃;进餐时,可先吃水果,再喝汤、吃菜,最后吃主食,以增强饱腹感,减少能量摄入。

扫码听音频

第六章

残疾人游泳公益平台的建设与推广

第一节 残疾人游泳公益平台的建设

一、经费预算分析

经费预算包括身体常规健康检查、人身意外伤害保险、交通、餐饮、辅助器具购置、水电能源消耗、助教等方面的预算。在经费构成中，健康常规体检费、人身意外伤害保险费、车辆交通费、餐费由参加培训单位承担；购置辅助器材费、水电能源消耗费、授课教练员费等相关费用由培训组织单位承担。对以上经费进行汇总，开展培训活动每人全部费用约为800元（见表6.1和表6.2）。

表6.1 开展残疾人游泳培训所需费用预估

名称	金额	备注
健康常规体检费	200元/（次·人）	
人身意外伤害保险费	50元/（次·人）	可每次课前进行单次购买
餐费	20元/（餐·人）	自助餐
购置辅助器材费	约180元/人	单价见表6.2
水电能源消耗费	约50元/（次·人）	
授课教练员费	300元/次	每课时45分钟，每次90分钟

表6.2 培训器材准备清单

物品名称	单位	数量	规格	单价（元）	总价（元）
背漂	个	50	4片装	38	1900
袖漂	套	50		28	1400
浮板	个	50	长方形手握	46	2300
救生杆	根	4	4.5米伸缩	150	600
共计					6200

二、安全风险防控

有计划有组织地面向社会团体开放。合作单位在正式签约前，需提供意向学员的体检证明，通过常规体检报告结果，筛查心脏病、高血压、皮肤病、红眼病等不适宜参加游泳活动的疾病，确定适宜参加的学员。待审核通过后，合作单位提供所有学员购买人身意外伤害保险的证明材料，此意外伤害保险须涵盖往返中心的路途交通意外保险；合作单位提交所有学员签订的游泳安全承诺书，承诺学员不隐瞒身体状况、不违反游泳馆的规章制度和教练员要求等；合作单位提交本期所有参训学员的名单并加盖公章。提醒合作单位及参训学员，如涉及多人共同乘坐各类交通工具前往中心的群体行为，应约束内部学员，明确安全责任，自行签署相应协议。开展培训前与授课教练员签订教练员岗位安全职责书并提供资质认证，制定安全风险防控预案。

三、项目实施基础条件

（一）建立项目运行团队

团队主要分为安全管理、对外联络、场地器材、教学组织、服务保障5个小组，安全管理组主要负责协议签订和人员资质审核，收集合作单位及学员的一些必备证明或材料，人数1~2人。对外联络组负责与合作单位及残疾人社团的联络协调，向社会游泳馆进行宣传和推广，人数1~3人。场地器材组主要负责提供游泳馆无障碍设施、提供活动必备器材、场地环境维护等，人数1~2人。教学组织组主要负责教学安排和具体教学内容设计。按参训学员人数，配备合理比例的教练员团队，执行总教练员一人（游泳运动相关专业），负责教练员的管理、课程的设计安排等；档案管理人员1~2人，负责一般性档案归档、数据收集、考勤等日常事务，人数2~5人。服务保障组主要负责协调交通，提供出入信息，协调餐厅使其提供低成本餐饮，人数1~2人，另外服务保障组还应配备水电气暖运行保障人员1~2人。

（二）培训场地与配套无障碍设施的基本要求

使用国际标准游泳训练池游泳技术参数：游泳馆层高7米以上，水温27~29摄氏度，室温25~29摄氏度，标准泳道10条，泳道长50米、宽2.5米，水深1.6~2.0米（最好设置1.2~1.4米深的浅区，以提高残疾人游泳活动的安全性），容积2250立方米，最大容纳客流量500人，含游离性氯标准值为0.3~0.5毫克/升，pH 7.2~7.6，循环周期4~6小时，配备动力30千瓦左右，预计日最大客流量2000人/次，会员柜配备量男女各200个，淋浴喷头配备量男女各12~15个，馆内亮度150~200~300勒克斯。无障碍设施的基本要求见第二章。

（三）培训所需辅助器材和设备

培训器材包括浮板、袖漂、背漂、浮力棒、浮力哑铃等。安全救生设备有救生杆、救生圈、救生椅、救生担架、急救医用包等。

（四）车辆及餐饮服务

为开车的学员提供免费停车位，车辆应按规定摆放在适当位置，不占用人行道；为有需求的学员提供午餐，标准为每餐20元/人的自助餐形式，有餐饮需求应提前1~2天告知。

第二节　残疾人游泳公益平台的推广

一、社会场馆开展游泳教学活动的操作指南

（一）参训场地要求

如表6.3所示，使用国际标准泳池（长50米、宽25米）、国际半标泳池（长25米、宽20米）或不规则泳池（适合重度脑瘫儿童、重度肢体残疾人士）。水质等技术参数符合国家泳池标准。建议在具有水深1.2~1.4米的浅区的泳池中开展残疾人游泳活动。水温应比健全人所用水温略高，为28~29摄氏度。

表6.3　各类残疾人参加游泳的泳池场地和陪护人员标准（供参考）

内容＼类别		适用活动场地要求				陪护要求
		泳池标准	泳道人数	水深（米）	辅具情况	有（会游）/有（不会）/无
肢体残疾	1级	50米或25米泳池	建议无其他人	1.2~1.4	背漂袖漂	有陪护（会游）
	2级	50米或25米泳池	3人以内	1.2~1.4	无	有陪护（会游）
	3级	50米或25米泳池	5人以内	1.4~1.6	无	有陪护（不会）
	4级	50米或25米泳池	10人以内	1.6~1.8	无	无陪护
	脑瘫	以水中康复为主，视康复情况学习技能				
视力残疾	1级	50米或25米泳池	建议无其他人	1.2~1.4	背漂	有陪护（会游）
	2级	50米或25米泳池	2人以内	1.2~1.4	无	有陪护（会游）
	3~4级	50米或25米泳池	5人以内	1.4~1.6	无	有陪护（不会）
听力残疾	1~4级	50米或25米泳池	10人以内	1.6~1.8	无	有陪护（不会）
智力残疾	1~4级	50米或25米泳池	5人以内	1.4~1.6	无	有陪护（不会）
精神残疾	1~2级	不建议开展				
	3~4级	50米或25米泳池	5人以内	1.4~1.6	无	有陪护（不会）

（二）残疾人游泳教学常用辅助浮具及适用对象

A字浮板（见图6.1）及手握浮板（见图6.2）是为下肢功能不受限的残疾人（视力残疾人、听力残疾人、智力残疾人等）准备的。例如学习蛙泳腿部技术动作时，手持浮板做蹬腿练

习。袖漂（见图6.3）、浮漂（见图6.4）是各类残疾人初学者都需要的必备辅助器材，也是消除学员紧张心理，辅助技术动作教学的必备浮具。盲杆（见图6.5）是专门为视力残疾人准备的，在快要抵达终点时，教练员使用盲杆敲视力残疾学员的身体，以提醒其达到终点，避免出现碰撞。浮力哑铃（见图6.6）和浮力颈圈（见图6.7）是为重度脑瘫儿童或重度肢体残疾人准备的水中康复器材。陆上瑜伽垫（见图6.8），适合为各类残疾人学员进行陆上教学辅导。

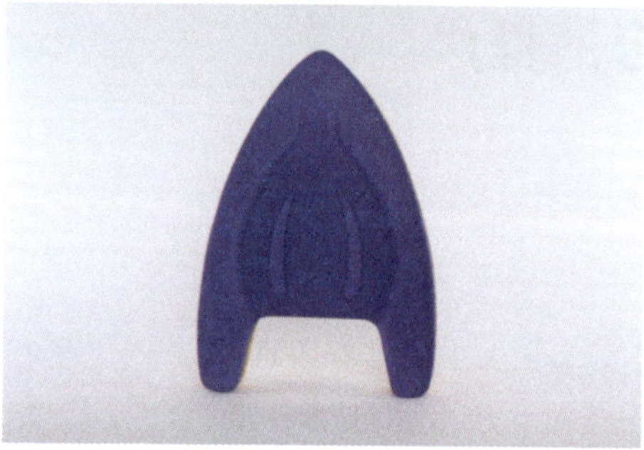

图6.1　A字浮板

图6.2　手握扶板

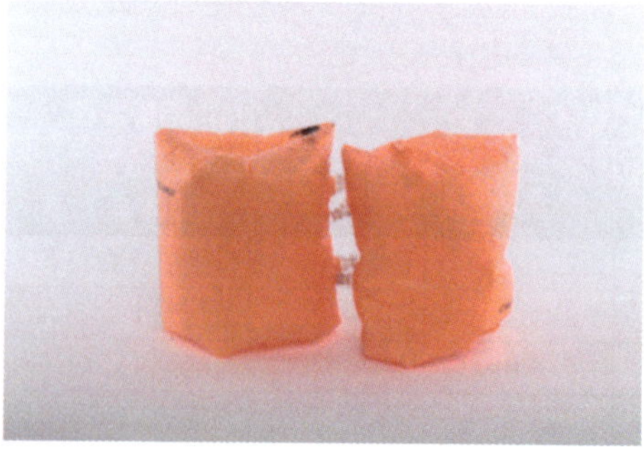

图6.3　袖漂

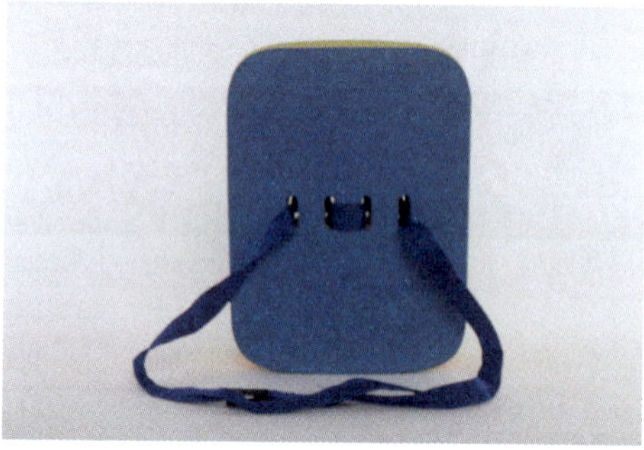

图6.4　浮漂

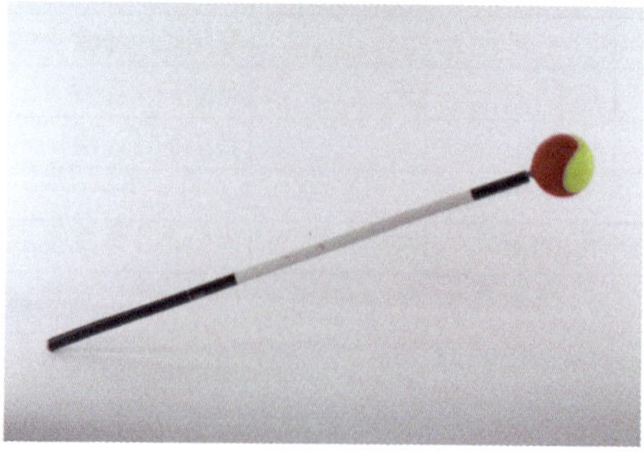

图6.5　盲杆

图6.6　浮力哑铃

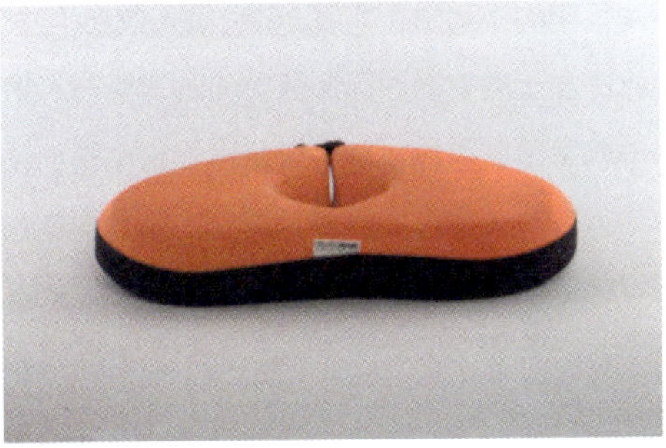

图6.7　浮力颈圈

图6.8　陆上瑜伽垫

（三）残疾人游泳康复辅助器材介绍

康复器材主要由重度脑瘫学员和重度肢体残疾学员使用，对他们而言，游泳是以水中康复和身心娱乐为主要目标的康复方法和手段。常用的康复器材有水中浮力腰带、水中颈圈、水中阻力哑铃、水中浮力踝环等。

（四）师资（教练员、社会指导员）要求

具备国家相关部门认可的教练员资质和社会指导员资质认证的人员方可组织教学授课。同时应根据培训学员的人数，配置相应数量的志愿者（最好是了解残疾人特点的志愿者）和陪护人员（见表6.3）及救生人员，确保安全教学。

二、社会团体开展游泳教学活动的操作指南

（一）社会团体的职能

1. 负责参训人员的健康筛查、审核和购买保险等工作

对参训人员的身体健康状况进行初步筛查，提交残疾证，检查残疾证有效期。提供体检报告（应包含的指标见第三章第四节的“一”），核查体检日期是否符合标准、标注需要重点关注的身体状况选项，检查参训学员有无病史，有无明显的不适宜游泳的病症，如高血压、心脏病、皮肤病或常见的传染性疾病等。

2. 与场馆和个人签订安全协议等工作

社会组织在组织残疾人参与游泳培训活动之前，应先与游泳场馆签订安全协议；与个人签订安全承诺书，确保参训学员的安全。

3. 社团参训学员的交通、就餐的组织

社团组织将参训学员按残疾类别进行分组、建立微信群，推选出组织负责人1名和工作人员1名，统一联络方式，统一管理。交通通常采用集中出行、拼车出行和自助出行3种方式。

（1）集中出行。主要是有经费条件的社团组织常采用的交通出行方式，可以按每周开展次数，统一预定出行工具，一起出行。集中出行的特点是便于集中管理，保证参训时间统一。集中出行适用于同一单位、同一组织的参训人员，如特教学校、康复服务机构、福利企业等。其优点是时间统一、安全性高、便于管理。

（2）拼车出行。主要是没有经费条件的社团组织开展活动常采用的交通出行方式。拼车出行的特点是参训人员分散，很难集中，到达时间不统一，安全性和责任由车主承担，需签订安全出行协议并购置保险。拼车出行适用于不同组织的人员、不同居住地点的参训人员和不具备经费条件的社团组织，如社会公益组织、社会爱心团体等。这种交通出行方式对群体管理者提出了较高要求，需做好出行计划安排、结算参训车费等事宜。

（3）自助出行。可根据自己的情况选择出行工具。其适用人群是能够独立完成出行的轻度残疾人。这种方式降低了对辅助人员和经费的要求，对残疾人的自身能力和残疾程度都有一定的要求。

参训人员的就餐组织：条件具备的培训试点单位，可视具体情况组织就餐。主要以自助餐为主，统一登记就餐人数，收取餐费。

通常参加游泳培训活动的残疾人都采用走训的形式，所以很少涉及住宿等问题。只有在参加大型赛事或大型的融合活动且时间较长时，才需考虑住宿问题，具体应根据实际情况解决。

4. 组织参与赛事与社会融合活动

社团组织残疾人参与赛事和社会融合活动，也需要做好以下几方面的工作。

（1）与赛事或活动主办方沟通协调，确认参与赛事、融合活动等对残疾人的残疾程度和无障碍环境的要求，筛选符合条件的残疾人。处理好前期的人员登记、报项、交费、服装、交通、住宿等相关事宜。

（2）保证参赛人员在赛事期间的安全，做好组织和管理工作，为参与赛事人员提出要求、拟上保险等。

（3）在赛事或融合活动之后，对参赛人员进行奖励、点评、总结、提出新要求等。

（二）各种社会组织类型

1. 特教学校（事业单位）

北京市顺义区特殊教育学校：主要为智力残疾、精神残疾和脑瘫儿童。

2. 协会

中国精神残疾人及亲友协会：北京各分站，主要包括孤独症儿童。

3. 民办非企业

北京市丰台区声波残障社会服务中心：主要为视力残疾人群。

北京怀柔信慧残疾人康复服务中心：主要为脑瘫、智力残疾儿童。

北京市顺义区继民启智康复中心（民办）：主要为智力残疾、精神残疾儿童。

4. 企业

北京嬴冠口腔医疗股份有限公司：由健全人和残障人士组成，主要为成年听力残疾人。

迈盛悦合体育用品有限公司：主要为成年肢体残疾人。

北京佳信瑞初商务服务有限公司：主要为成年肢体残疾人。

三、残疾人参与游泳活动指南

（一）符合参与游泳活动标准的人群

要参与游泳活动，首先要符合年龄要求，并且年龄范围要与残疾程度匹配（见表6.4）。不同社会试点场馆的无障碍设施配备不同，可根据试点场馆自身的条件，开展适用于不同类别的残疾人的游泳培训。其次，身体各项指标（见表6.5）要处于各类指标的正常值范围，无传染性疾病和不宜参加游泳的特殊疾病。最后，在专业教练员的帮助下参考第三章第三节残疾人游泳教学的分级依据，评定是否符合参加游泳培训的标准。

表6.4　参训学员的年龄范围和残疾程度

类别	年龄范围	残疾程度	备注
肢体残疾	8~65岁	2~4级	出于安全考虑，1级视具体情况而定
视力残疾	8~65岁	1~4级	1级全盲视具体情况而定
听力残疾	8~65岁	1~4级	1级全聋视具体情况而定
智力残疾	8~18岁	2~4级	1级视具体情况而定
精神残疾（特指孤独症）	8~18岁	3~4级	建议1~2级视具体情况而定
多重残疾	8~14岁	3~4级	出于安全考虑，1~2级残疾程度较重，暂不建议参加

以上参训学员的身体健康状况需符合参加游泳培训的标准。

表6.5　身体健康状况筛查的常用指标选取

类别	指标选取
基本情况	姓名、性别、年龄、残疾类别、单位、保险情况（重点关注）、体检日期（重点关注）
一般指标	身高、体重、BMI、病史（仔细查看病史，判断是否对参训有影响）
内科指标	血压（140/90毫米汞柱以上、90/60毫米汞柱以下重点关注，视情况而定），心率、心律、肺、肝、肾（符合正常值）
外科指标	脊柱、四肢、皮肤病（必须无传染性皮肤病）
视力	左眼视力、右眼视力（特别注意视力残疾人士的视力情况）

（二）申请加入社团组织参与活动的方法

可联系当地残疾人管理机构、协会、社团、民办非企业、企业、特教学校等，咨询其是否开展残疾人游泳培训活动。如地方有所开展，需要按其组织要求提供所需材料，通过材料审核方可参加。如果未开展，可联系或组织具有共同意向的残疾群众，依托当地残疾人管理机构、福利企业、街道社区、社会团体、特教学校、爱心企业等，成立活动组织，以组织为单位协调承接游泳活动的社会场馆。开展活动可以以年、季度或月份为周期，根据实际情况，条件成熟的组织可以以周为周期开展活动，采用活动次数由少到多、活动时间由短到长的方式。同时应做好参与者的安全责任风险的规避工作。

参考文献

[1] 中国残奥委员会.残奥运动在中国［M］.北京：华夏出版社，2008.

[2] 中国残奥委会.残奥知识300问［M］.北京：华夏出版社，2008.

[3] 中国特奥会.特殊奥林匹克运动知识读本［M］.北京：华夏出版社，2006.

[4] 国际奥委会.无障碍指南-奥运会和残奥会的包容方略［M］.中国残疾人体育运动管理中心，译.北京：华夏出版社，2015.

[5] 社会服务发展研究中心.康复社会工作基本理论与方法实务手册［M］.广州：中山大学出版社，2018.

[6] 香港盲人辅导会.视力损伤人士康复社会工作实务手册［M］.广州：中山大学出版社，2018.

[7] 香港康复会.肢体残疾与慢性疾病康复社会工作实务手册［M］.广州：中山大学出版社，2018.

[8] 香港聋人福利促进会.听力损伤人士康复社会工作实务手册［M］.广州：中山大学出版社，2018.

[9] 香港新生精神康复会.精神疾病康复社会工作实务手册［M］.广州：中山大学出版社，2018.

[10] 中国残疾人体育运动管理中心.残疾人体育分级［M］.中国残奥委会、中国聋人体育协会审.北京：华夏出版社，2019.

[11] 中国残疾人体育协会.残疾人体育基本知识导读［M］.北京：华夏出版社，2006.

[12] 中国残疾人体育协会.中国残疾人体育发展概览［M］.北京：华夏出版社，2006.

[13] 冯晓丽.老年体育活动指导师实务培训［M］.北京：中国劳动社会保障出版社，2015.

[14] 邓猛.视觉障碍儿童的发展与教育［M］.北京：北京大学出版社，2011.

[15] 徐白仑.视障儿童随班就读教学指导［M］.北京：华夏出版社，1992.

[16] 南登崑.肢体残疾儿童的教育与训练［M］.北京：华夏出版社，1995.

[17] Gary B.Mesubiv，Victoria Shea，Eric Schopler. 孤独症和相关沟通障碍儿童治疗与教育［M］.秋爸爸，译.北京：华夏出版社，2014.

[18] 滕丽芳.自闭症学员的心理特点及教育策略初探［J］.读与写（教育教学刊），2018，15(06)：201.

[19] 刘军. 体育游戏对孤独症儿童社会交往能力的干预研究［D］.山东：山东师范大学，2014.

[20] 霍力嫔. 孤独症儿童人际交往训练个案研究［D］.内蒙古自治区：内蒙古师范大学，2009.

[21] 李晓庆. 培智学校智障儿童沟通能力发展中的问题研究 [J] . 现代特殊教育，2016(12)：36-39.

[22] 付玉莲. 肢体语言：打开智障儿童沟通的金钥匙 [J] . 现代特殊教育，2009(Z1)：87-88.

[23] 钟沁微. 浅谈智障学员有效沟通能力的培养 [J] . 现代特殊教育，2017(6)：55-57.

[24] 强玮. 浅析拼图游戏对智障儿童的身心发展作用 [J] . 中国校外教育，2014(S2)：348.

[25] 刘长梅. 与听力障碍患者的沟通技巧 [J] . 山东大学基础医学院学报，2005, 19(4)：249-249.

[26] 袁茵. 听觉障碍儿童沟通方法评介 [J] . 中国特殊教育，2002(01)：39-42.

[27] 周兰芝. 听觉障碍儿童心理状况与心理健康教育分析 [J] . 考试周刊，2015, 000(04)：172-173.

[28] 黄锦玲，蔡太生，娄星明. 聋生与健全学员心理健康状况及相关因素的比较研究 [J] . 中国健康心理学杂志，2008(06)：618-620.

[29] 密忠祥. 与视力障碍儿童交往的策略与原则 [J] . 中国残疾人，2005(03)：48-49.

[30] 李祚山. 视觉障碍儿童的人格与心理健康的特征及其关系研究 [J] . 中国特殊教育，2005(12)：79-83.

[31] 姜硕媛，李建军，王焐，闫国利. 视力障碍儿童的心理韧性与情绪－行为问题的关系 [J] . 中国特殊教育，2015(02)：22-26.

[32] 王雁，姚萍，王冉冉，葛娟. 残疾人运动员的特点与需求分析 [J] . 中国特殊教育，2007(09)：6-10.

[33] 苏玉凤. 大学员体育运动风险评估与应对策略研究 [J] . 体育科技文献通报，2011，19(12)：14-15.

[34] 李雅雯. 福州市普通高校公共体育游泳课风险及防控研究 [D] . 福建：福建师范大学，2016.

[35] 郝敏. 济南市少儿游泳培训风险管理研究 [D] . 山东：山东体育学院，2018.

[36] 侯雪. 长春市普通高校残疾学员普及游泳课教学可行性分析及方案研究 [D] . 北京：北京体育大学，2010.

[37] 唐荣红. 影响成年人健身运动风险因素等级研究 [J] . 当代体育科技，2015，5(18)：205-206.

[38] 李中瑄. 江苏省青少年游泳运动员伤病调查与对策分析 [J] . 体育科技，2017，38(06)：26-28.

[39] 邢执. 青少年游泳运动员运动损伤及康复研究 [J] . 当代体育科技，2017，7(24)：8-9.

[40] 李祥. 山西省青少年游泳运动员伤病调查与分析 [D] . 山西：中北大学，2013.

[41] 邹荣琪. 优秀花样游泳运动员运动损伤调查分析及预防 [C] . 中国体育学会 .2013 年全国竞技体育科学论文报告会论文摘要集 . 中国体育科学学会，2013：298-299.

[42] 乔小杉，甘军劳，王小刚.对我国不同级别游泳运动员耳、鼻、咽、喉器官功能损伤的研究［J］.体育科学，2004，024(07)：22-24，30.

[43] 肖春梅，党繁义，李阳.“运动猝死”与体育运动的医务监督［J］.中国康复医学杂志，2005，020(11)：868-870.

[44] 李磊.中国残奥乒乓球队轮椅组运动员备战伦敦残奥会医务监督总结［D］.山东：山东师范大学，2014.

[45] 中华医学会糖尿病学分会.中国2型糖尿病防治指南（2017年版）［J］.中国实用内科杂志，2018，38(04)：294-344.

[46] 司琦，陈红玉，刘海群，等.促进弱势群体参与体育锻炼的干预研究——以听力残疾学员为例［J］.体育科学，2010，30(07)：32-41，61.

[47] 陈枳曈.冬泳爱好者参与冬泳运动风险管理研究——以武汉市为例［D］.湖北：华中师范大学，2017.

[48] 刘倩，房冬梅.高校公共体育教学中运动风险识别与应对［J］.湖北体育科技.2014，33(05)：467-470.

[49] 郭娴.中年人运动中心血管风险预警及运动改善风险和心肺耐力的效果研究［D］.北京：北京体育大学，2014.

[50] 郭继鸿.运动性心律失常［J］.临床心电学杂志，2011，20(03)：225-232.

[51] 杨振亚.公开水域游泳中的安全问题研究［D］.黑龙江：哈尔滨师范大学，2017.

[52] 李云广，甄子会.黑龙江省普通高校运动风险防护课程体系构建的实践研究——以黑龙江科技大学为例［J］.哈尔滨体育学院学报，2014，32(06)：28-32.

[53] 张庆凤.韩奇.江苏省残疾青少年体育活动情况及其干预措施探究［J］.体育科技，2017，38(05)：70-71.

[54] 李彦松，李娜.辽宁省残疾游泳运动员选材与训练方法的探讨［J］.辽宁体育科技，2007(03)：88-89.

[55] 杨文意.我国优秀游泳运动员运动损伤后康复治疗研究［J］.佳木斯职业学院学报，2017(12)：350，352.

[56] 李波.体育特殊教育［M］.江苏：南京大学出版社，2016.

[57] 约瑟夫·温尼克.特殊儿童体育与运动［M］.盛永进，译.江苏：南京师范大学出版社，2015.

[58] 李海，裘鹏.体育教育案例分析与详解［M］.北京：北京体育大学出版社，2014.

[59] 游泳运动教程编写组.游泳运动教程［M］.北京：北京体育大学出版社，2014.

[60] 国家体育总局职业技能鉴定指导中心编.游泳［M］.北京：北京体育大学出版社，2019.

[61] 运动膳食与营养编写组.运动膳食与营养［M］.北京：北京体育大学出版社，2016.

[62] 运动生物化学编写组. 运动生物化学 [M] . 北京：北京体育大学出版社，2016.

[63] 杨则宜. 运动营养师培训教程 [M] . 北京：人民体育出版社，2008.

[64] 张钧，张蕴琨. 运动营养学 [M] . 北京：高等教育出版社，2006.

[65] Campbell BI，Spano MA. NSCA's Guide to Sport and Exercise Nutrition. Illinois: Human Kinetics, 2011.

[66] 张文栋，杨则宜. 实用体能训练营养学 [M] . 北京：北京体育大学出版社，2014.

[67] 约翰 • 艾薇，罗伯特 • 波特曼. 营养时间的最佳选择 [M] . 李文建，译. 重庆：重庆大学出版社，2013.

[68] 梅琳达 • 玛诺，等. 运动营养与健康和运动能力 [M] . 曹建民，等译. 北京：北京体育大学出版社，2011.

[69] 丹•贝纳多特，杨则宜，周帆扬，等. 高级运动营养学 [M]. 北京：北京科学技术出版社，2019.

[70] 中国肥胖问题工作组数据汇总分析协作组. 我国成人体重指数和腰围对相关疾病危险因素异常的预测价值：适宜体重指数和腰围切点的研究 [J] . 中华流行病学杂志，2002, 23(1)：5–10.

[71] 常翠青. 运动与肥胖 [J] . 中国运动医学杂志，2003, 22(6)：593–596.

[72] 中国营养学会. 中国居民膳食指南2016科普版 [M] . 北京：人民卫生出版社，2016.

[73] 比尔 • I. 坎贝尔，等. 美国国家体能协会运动营养指南 [M] . 黎勇明，邱俊强，译. 北京：人民邮电出版社，2018.

[74] 国家体育总局. 运动健身的能量消耗 [M] . 北京：人民体育出版社，2013.

[75] 陈吉棣，杨则宜，李可基，常翠青，艾华. 推荐的中国运动员膳食营养素和食物适宜摄入量 [J] . 中国运动医学杂志，2001, 020(04)：340–347.

[76] 陆一帆. 游泳训练理论创新与实践 [M] . 北京：北京体育大学出版社，2013.

[77] Maughan R J. Fluid and electrolyte loss and replacement in exercise [J] . Journal of sports sciences, 1991, 9: 117-142.

[78] Burke LM, Hawley JA, Wong SHS, et al. Carbohydrates for training and competition[J]. Journal of sports sciences, 2011, 29(sup1)：S17–S27.

动作示范运动员简介

靳志鹏，残疾人游泳世界冠军，国家健将级运动员；2011年，在第八届全国残疾人运动会上获得4枚金牌（破3项全国纪录，创1项全国纪录）；2014年，在韩国仁川亚洲残疾人运动会上获得1枚金牌，1枚银牌，4枚铜牌；2015年，在第九届全国残疾人运动会上获得4枚金牌（破4项全国纪录），在世界残疾人游泳锦标赛上获得1枚铜牌；2016年，在巴西里约残疾人奥林匹克运动会上获得1枚金牌，2枚银牌，1枚铜牌（破1项世界纪录和1项亚洲纪录）；曾荣获中华全国总工会颁发的“全国五一劳动奖章”及中国共产主义青年团中央委员会和中华全国青年联合会颁发的“中国青年五四奖章”。

夏江波，残疾人游泳世界冠军；2011年，在第八届全国残疾人运动会上获得50米蛙泳、自由泳和仰泳金牌（均破世界纪录）、4×50米自由泳和混合泳接力金牌；2012年，在英国伦敦残疾人奥林匹克运动会上获得S3级50米和100米自由泳金牌（均破世界纪录）；2014年，在韩国仁川亚洲残疾人运动会上获得4×50米男女自由泳接力金牌；2015年，在第九届全国残疾人运动会上获得50米自由泳、150米混合泳、4×50米女子自由泳接力、4×50米混合泳接力金牌及50米蛙泳银牌；曾荣获由中华全国妇女联合会颁发的“全国三八红旗手”证书、中华全国总工会颁发的“全国五一劳动奖章”及中国共产主义青年团中央委员会和中华全国青年联合会颁发的“中国青年五四奖章”。